사회평론

글 사회평론 과학교육연구소
대학에서 오랫동안 과학을 연구한 전문가들이 모여, 우리 아이들이 쉽고 재미있게 공부할 수 있는 책을 만들고 있습니다.

글 김형진 (사회평론 과학교육연구소 연구원)
연세대학교 천문대기과학과를 졸업하고 같은 대학교 대학원에서 석사, 박사 학위를 받았습니다. 과학자를 꿈꾸는 아이들에게 올바른 과학 개념과 과학적 태도를 함께 키울 수 있는 방법을 전달하기 위해 노력하고 있습니다. 현재 사회평론 과학교육연구소 연구원으로 과학책을 만들고 있습니다.

글 이명화 (사회평론 과학교육연구소 연구원)
서울대학교 물리교육과를 졸업하고 같은 대학교 대학원에서 석사, 박사 학위를 받았습니다. 10여 년간 중학교에서 과학을 가르쳤으며, 미국 아리조나 주립대에서 물리학으로 박사 학위를 받고 독일, 미국, 영국에서 연구원으로 근무하였습니다. 쉽고 재미있는 과학책을 쓰는 일에 관심을 갖고 있으며, 현재 사회평론 과학교육연구소 연구원으로 과학책을 만들고 있습니다.

글 설정민 (사회평론 과학교육연구소 연구원)
서울대학교 생물학과를 졸업하고 같은 대학교 대학원에서 석사 학위를 받은 뒤 박사 과정을 수료하였습니다. 아이에게 과학을 쉽고 재미있게 얘기해 주려 노력하다 보니 어린이를 위한 책을 만드는 일에도 관심을 가지게 되었습니다. 현재 사회평론 과학교육연구소 연구원으로 과학책을 만들고 있습니다.

그림 조현상 (매드푸딩스튜디오)
미국 필라델피아에서 U-Arts를 졸업했습니다. 한국과 미국에서 동화, 일러스트레이션, 만화 등 다양한 작업을 하고 있습니다.
mad-pudding.com | instagram.com/madpuddingstudio

그림 뭉선생
2004년 LG 동아 국제만화 공모전에 입상하며 작품 활동을 시작했습니다. 그린 책으로《조지의 우주를 여는 비밀 열쇠》시리즈,《용선생 만화 한국사》시리즈,《용선생 처음 한국사》시리즈,《용선생 처음 세계사》시리즈 등이 있습니다.

그림 윤효식
2002년〈소년 챔프〉에〈신검〉으로 데뷔하여 어린이에게 유익한 학습 만화를 그리고 있습니다. 그린 책으로《마법천자문 사회원정대》시리즈,《용선생 만화 한국사》시리즈,《용선생 처음 한국사》시리즈,《용선생 처음 세계사》시리즈 등이 있습니다.

감수 맹승호
서울대학교 지구과학교육과를 졸업하고 한국교원대학교 과학교육과 대학원에서 석사, 서울대학교 과학교육과 대학원에서 박사 학위를 받았습니다. 현재 서울교육대학교 과학교육과 교수로 재직 중입니다. 대화를 이용한 과학 학습에 많은 관심을 가지고 있습니다. 함께 지은 책으로《일곱 빛깔 지구과학》,《주말 지질 여행》등이 있습니다.

캐릭터 이우일
홍익대학교에서 시각디자인을 공부한 만화가입니다. 그림책 작가인 아내 선현경, 딸 은서, 고양이 카프카와 함께 그림을 그리고 글을 쓰며 살고 있습니다. 지은 책으로《우일우화》,《옥수수빵파랑》,《좋은 여행》,《고양이 카프카의 고백》등이 있고, 그린 책으로《노빈손》시리즈,《용선생의 시끌벅적 한국사》시리즈,《교양으로 읽는 용선생 세계사》시리즈 등이 있습니다.

용선생의 시끌벅적 과학교실

기압과 바람

글 사회평론 과학교육연구소 | 그림 조현상·뭉선생·윤효식 | 감수 맹승호 | 캐릭터 이우일

왜 비행기를 타면 귀가 먹먹해질까?

사회평론

프롤로그

여러분, 안녕? 과학반을 맡은 용선생이야. 내 명성은 익히 들어 봤겠지? 역사반과 세계사반을 모두 훌륭하게 성공시키며 방과 후 교실 최고의 인기 교사가 된 그 용선생이란다. 교장 선생님께서 특별히 부탁하셔서 이번에는 과학반을 맡게 되었어. 어찌나 사정을 하시던지 도무지 거절할 수가 없었지 뭐야. 그래서 이 몸이 깜짝 놀랄 수업을 준비했단다.

우리의 수업은 언제나 질문과 함께 출발해. 세상을 둘러보다가 누군가 "저건 왜 그래요?" 하고 질문하면 바로 그 순간 수업이 시작되는 거지. 이제부터 용선생의 시끌벅적 과학교실을 제대로 즐기는 방법을 하나씩 알려 줄게.

첫째, 과학반 친구들과 함께 호기심을 갖고 질문해 봐. 과학을 어렵게만 생각하지 말고, 매 교시마다 아이들이 어떤 호기심을 가지는지 관심을 가져 봐. 과학반 친구들과 함께 '왜 그럴까?', '어떻게 알아낼 수 있을까?' 고민하다 보면 어렵던 과학도 쉽게 느껴질 거야.

둘째, 어려운 내용은 사진과 그림으로 이해해 봐. 어려운 과학 개념과 원리를 한 장의 사진이나 그림을 통해 단숨에 이해할 수도 있어. 그래서 너희를 위해 사진과 그림을 많이 준비했단다. 글을 읽다가 어렵다 싶으면 옆에 있는 사진과 그림을 봐. 잘 이해되지 않던 내용이 틀림없이 술술 이해될 거야.

셋째, 배운 내용을 되새기며 머릿속에 정리해 봐. 왁자지껄한 수업을 마치고 나면 뭘 배웠는지 정리가 안 될 때도 있을 거야. 그럴 때를 대비해 중간중간 핵심 정리를 준비했어. 또 배운 내용을 4컷 만화로 재미있게 요약해 두었지. 게다가 교시가 끝날 때마다 나선애의 정리노트도 마련했단다. 이 정도면 학습 정리는 문제없겠지?

과학은 분야도 다양하고 배울 내용도 아주 많아. 쉽게 이해할 수 있는 부분도 있지만, 여러 번 곰곰이 생각해 봐야 알 수 있는 부분도 있지. 이 책을 여러 번 다시 읽다 보면 구석구석 빠짐없이 모두 이해될 거야.

자, 이제 용선생의 시끌벅적 과학교실을 제대로 즐길 준비가 됐겠지? 그럼 신나는 수업을 시작해 볼까?

차례 | 기압과 바람

1교시 | 기압
빨대로 물을 마실 수 있는 까닭은?

공기가 누르는 힘은? ··· 13
공기가 물체를 누를 수 있는 까닭 ··· 16
빨대로 음료수를 마시는 원리는? ··· 20

나선애의 정리노트 ··· 24
과학퀴즈 달인을 찾아라! ··· 25

교과연계
초 5-2 날씨와 우리 생활 | 중 3 기권과 날씨

2교시 | 기압계
기압을 재려면?

기압을 재는 장치 속에는? ··· 29
수은으로 기압을 재는 원리는? ··· 32
수은 없이 기압을 재려면? ··· 35

나선애의 정리노트 ··· 38
과학퀴즈 달인을 찾아라! ··· 39
용선생의 과학 카페 ··· 40
 - 최초로 진공을 만든 사람은?

교과연계
초 5-2 날씨와 우리 생활 | 중 3 기권과 날씨

3교시 | 기압의 변화
높이 올라가면 왜 귀가 먹먹해질까?

기압과 높이의 관계는? ··· 45
높은 곳에서 귀가 먹먹한 까닭은? ··· 48
기압 때문에 이런 일도? ··· 51

나선애의 정리노트 ··· 54
과학퀴즈 달인을 찾아라! ··· 55
용선생의 과학 카페 ··· 56
 - 비행기 속 기압은 얼마일까?

교과연계
초 5-2 날씨와 우리 생활 | 중 3 기권과 날씨

4교시 | 바람

바람이 부는 까닭은?

바람을 만들어라! … 60
바람이 부는 까닭 … 65
땅 위에서 부는 바람은? … 68

나선애의 정리노트 … 72
과학퀴즈 달인을 찾아라! … 73
용선생의 과학 카페 … 74
- 바람의 방향과 빠르기를 정확히 재려면?

교과연계
초 5-2 날씨와 우리 생활 | 중 3 기권과 날씨

6교시 | 대기 대순환

중국의 미세 먼지는 왜 우리나라로 날아올까?

지구에서 가장 커다란 바람은? … 93
대기 대순환이 생기는 까닭 … 96
1년 내내 부는 바람은? … 99

나선애의 정리노트 … 102
과학퀴즈 달인을 찾아라! … 103
용선생의 과학 카페 … 104
- 이게 다 대기 대순환 때문이야.

교과연계
초 5-2 날씨와 우리 생활 | 중 3 기권과 날씨

5교시 | 해륙풍

바닷가에 부는 바람의 비밀은?

바닷가에서 무슨 일이? … 79
왜 낮과 밤에 바람이 반대로 불까? … 82
계절에 따라서는 어떤 바람이 불까? … 85

나선애의 정리노트 … 88
과학퀴즈 달인을 찾아라! … 89

교과연계
초 5-2 날씨와 우리 생활 | 중 3 기권과 날씨

가로세로 퀴즈 … 106
교과서 속으로 … 108

찾아보기 … 110
퀴즈 정답 … 111

등장인물

용쓴다 용써!
용선생

- 체력 ★★★
- 지력 ★★★★★
- 감성 ★★★
- 호기심 ★★★★★
- 유머 ★★

열정이 가득한 과학 선생님. 하늘을 향해 거침없이 솟은 머리카락과 삐죽삐죽한 수염이 매력 포인트. 생생한 과학 수업을 하기 위해 물불을 가리지 않는다.

장하다 장해!
장하다

- 체력 ★★★★★
- 지력 ★
- 감성 ★★★★
- 호기심 ★★★★★
- 유머 ★★★★★

'튼튼하게만 자라 다오.'라는 아버지의 소원대로 튼튼하게 자랐다. 성격은 일등, 성적은 비밀이다. 시험을 못 봐도 씩씩하고 엉뚱한 질문으로 수업에 활력을 준다.

오늘도 나선다!
나선애

- 체력 ★★★★
- 지력 ★★★★
- 감성 ★★★
- 호기심 ★★★★★
- 유머 ★★★

과학자를 꿈꾸는 우등생. 공부도 잘하고 아는 게 많아서 모든 일에 앞장서는 타입이다. 겉으로는 차가워 보이지만 내심 따뜻한 면도 가지고 있다. 전혀 티가 안 나서 그렇지.

잘난 척 대장
왕수재

- 체력 ★★★
- 지력 ★★★★
- 감성 ★
- 호기심 ★★★★★
- 유머 ★

세상에서 자기가 제일 잘난 줄 안다. '천재는 외로운 법이고 질투의 대상인 법'이라나. 친구들에게 깐족거리는 데에도 천재적이다. 그래도 수업에는 늘 적극적으로 참여한다.

낭만 가득
허영심

- 체력 ★★★★
- 지력 ★★★
- 감성 ★★★★
- 호기심 ★★★★★
- 유머 ★★

감성이 풍부해도 너무 풍부하다. 떨어지는 낙엽이나 밤하늘의 별을 보며 눈물짓고, 조그만 벌레와 대화를 나누는 사차원 성격. 하지만 누구보다 정이 많고 낭만적이다.

과학반 귀염둥이
곽두기

- 체력 ★★★
- 지력 ★★★★
- 감성 ★★★★
- 호기심 ★★★★★
- 유머 ★★★★

형과 누나들의 귀여움을 독차지하는 과학반 막내. 나이도 가장 어리고 타고난 동안이라 언뜻 보면 유치원생 같다. 훈장 할아버지 덕에 어려운 단어를 줄줄 꿰고 있다.

우리를 찾아봐!

빨대
음료수를 마실 때 사용하는 도구로, 기압을 이용해.

수은 기압계
수은 기둥의 높이로 기압을 재는 장치야.

아네로이드 기압계
수은과 같은 액체를 사용하지 않는 기압계야.

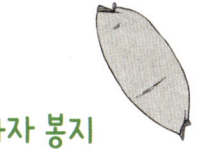

과자 봉지
과자를 보호하기 위해 공기가 들어 있어. 높이 올라가면 부풀어 올라.

풍력 발전기
바람을 이용해 전기를 만드는 장치야.

교과연계

초 5-2 날씨와 우리 생활
중 3 기권과 날씨

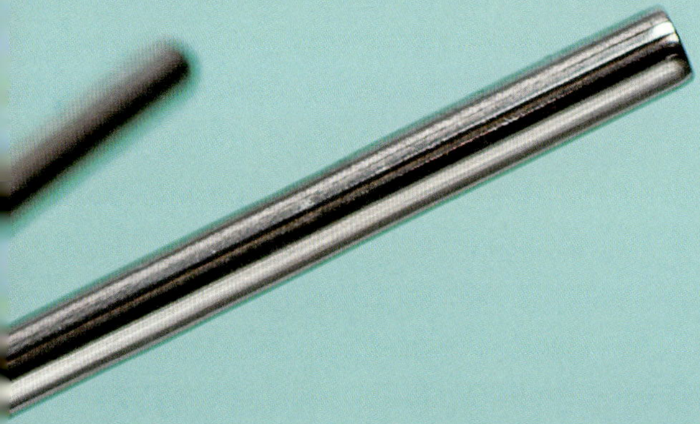

> 그러게.
> 빨대로 쭉쭉 빨아 먹고 싶다.

> 빨대로 음료수를 마실 수 있는 까닭은 뭐게?

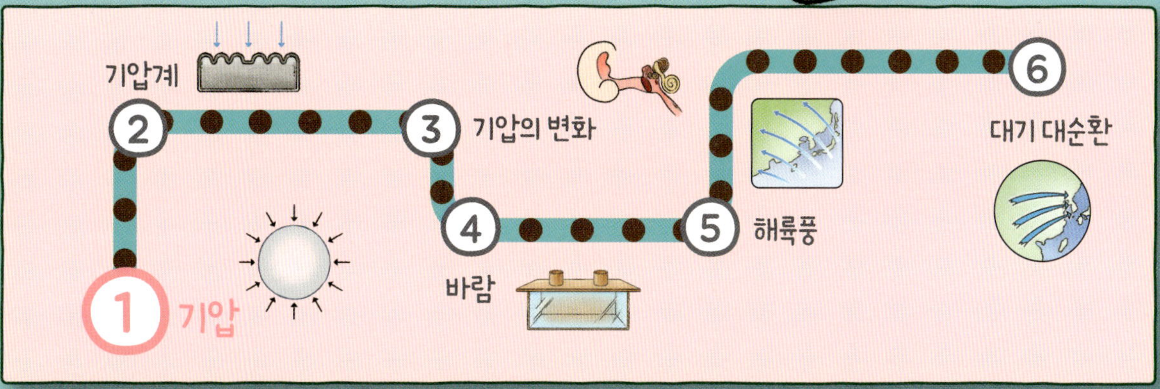

1. **기압**
2. 기압계
3. 기압의 변화
4. 바람
5. 해륙풍
6. 대기 대순환

"내가 어제 텔레비전에서 신기한 걸 봤어."

왕수재의 말에 아이들이 하나둘 몰려들었다. 왕수재가 가방에서 콜라 캔과 빨대 두 개를 꺼내며 말했다.

"빨대 하나는 캔 속에 넣고, 나머지 하나는 밖으로 뺀 채로 빨아 당기면 콜라가 안 빨린대."

"에이, 그럴 리가! 내가 해 볼게."

앞으로 나선 장하다가 빨대 두 개를 입에 물고 힘껏 빨아 당겼다.

"어어, 진짜로 콜라가 안 빨려."

"도대체 어떻게 된 거지?"

용선생이 과학실로 들어오자 아이들이 방금 있었던 일을 설명했다.

공기가 누르는 힘은?

"오호, 수재가 기압을 이용한 실험을 알아 왔구나."

왕수재가 머리를 긁적이며 말했다.

"기압이요? 저는 그냥 텔레비전에서 본 걸 따라 했을 뿐인데요."

"하하, 그랬구나. 하지만 방금 그 일은 기압 때문에 일어난 거야. 기압의 '기'는 공기라는 뜻이고 '압'은 압력이라는 뜻이지. 그래서 기압은……."

용선생의 설명을 듣고 있던 곽두기가 끼어들었다.

"공기의 압력이라는 뜻인가요?"

"그렇지. 기압은 공기의 압력을 말해. 따라서 기압이 무엇인지 알려면 압력을 먼저 알아야겠지?"

"압력이 뭔데요?"

장하다가 물었다.

"압력은 보통 '물체를 누르는 힘'이라는 뜻으로 쓰여. 어떤 경우에 압력이 작용하는지 알아볼까?"

"네! 좋아요."

아이들이 자세를 바로잡고 집중하자 용선생이 그림을 그리며 설명을 시작했다.

곽두기의 낱말 사전

압력 누를 압(壓) 힘 력(力). 누르는 힘이라는 뜻이야.

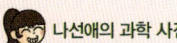

나선애의 과학 사전

작용 어떠한 현상을 일으키거나, 영향을 미치는 것을 말해.

▲ 압력이 위에서 아래로 작용하는 경우

나선애의 과학 사전

무게 물체의 무거운 정도를 나타내는 말이야. 무게는 지구가 물체를 당기는 힘 때문에 생겨.

"먼저 위에서 아래로 압력이 작용하는 경우를 살펴보자. 위 그림처럼 벽돌을 상자 위에 올려 두면 벽돌은 무게가 있으니까 자연히 아래에 있는 상자를 누르겠지? 이때 위에서 아래로 누르는 힘이 바로 압력이야."

"에이, 엄청 어려울 줄 알았는데 별거 아니네요!"

"하하, 또 다른 예를 살펴볼까? 왼쪽 그림처럼 옆에서 벽돌을 힘껏 밀어도 상자에 압력을 줄 수 있지."

"오호. 꼭 위에서 누르는 경우만 압력이라고 하는 건 아니군요."

▲ 압력이 옆에서 작용하는 경우

"그렇지. 이제 압력이 뭔지 잘 알겠지?"

용선생의 말이 끝나자마자 왕수재가 손을 들었다.

"그럼 기압은 공기가 물체를 누르는 힘이라고 하면 되겠네요?"

용선생의 과학 현미경

과학자들이 정한 압력의 뜻은?

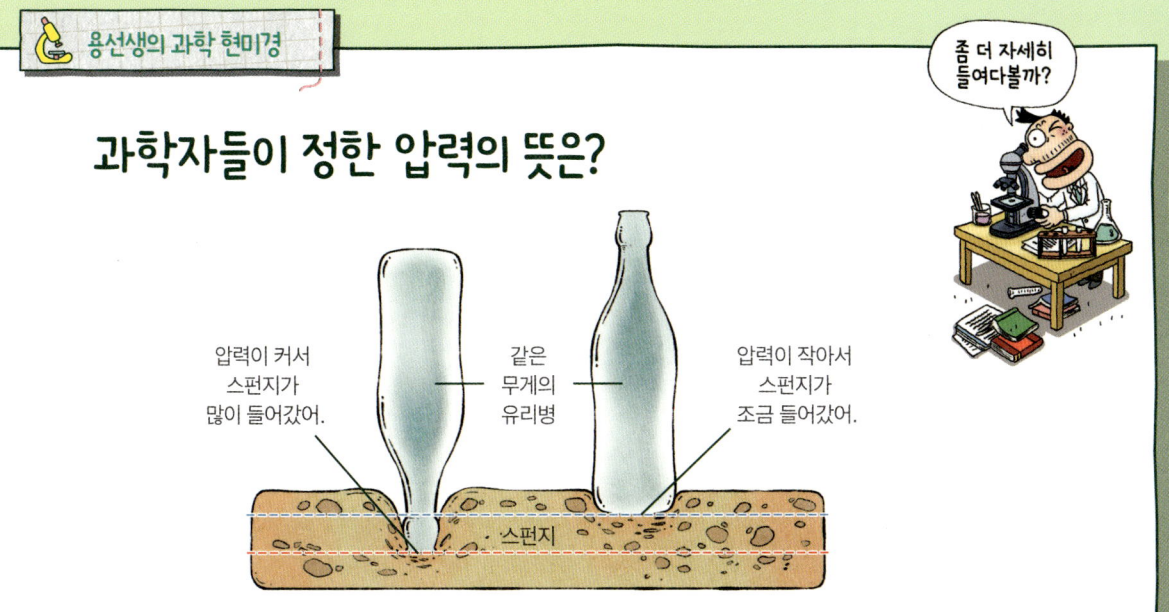

두 물체가 맞닿아 있는 부분을 '접촉면'이라고 하는데, 누르는 힘의 크기가 같아도 접촉면의 넓이에 따라 압력의 크기는 달라져. 위 그림에서 두 유리병은 무게가 같아서 스펀지를 누르는 힘이 같아. 하지만 접촉면의 넓이가 작은 스펀지가 더 많이 눌리지. 그래서 압력의 크기를 비교할 때에는 접촉면의 넓이를 같게 해 주어야 해. 과학자들은 이 넓이를 가로 1m(미터), 세로 1m 또는 가로 1cm(센티미터), 세로 1cm인 정사각형의 넓이로 정했어. 이 정사각형의 넓이를 '단위 넓이'라고 부르는데, 과학자들은 압력을 '두 물체가 붙어 있는 접촉면에서 단위 넓이당 누르는 힘'이라고 해. 꽤 복잡하지? 우리 수업에서는 압력을 물체를 누르는 힘이라고 간단히 말하겠지만, 그 말에는 '단위 넓이'가 생략되어 있다는 걸 기억해.

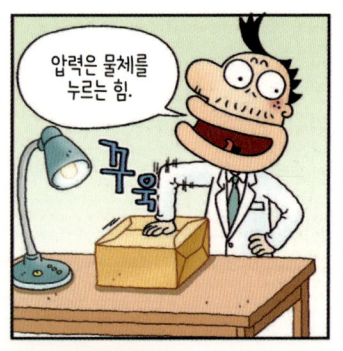

"그렇지. 간단히 공기의 압력이라고 해도 되고."

압력은 물체를 누르는 힘이야. 기압은 공기의 압력으로, 공기가 물체를 누르는 힘이야.

 공기가 물체를 누를 수 있는 까닭

그때 장하다가 이해할 수 없다는 표정으로 말했다.

"선생님, 그런데 공기가 정말 물체를 눌러요?"

"그러게요! 공기는 손으로 만져지지도 않는데 물체를 누를 수나 있겠어요?"

허영심이 거들자 용선생은 고개를 끄덕였다.

"그렇게 생각하기가 쉽지. 하지만 공기도 무게가 있어서 물체를 누를 수 있어."

그때까지 조용히 듣고 있던 곽두기가 물었다.

"공기에 무게가 있다고요?"

용선생이 미소를 지으며 말했다.

"응. 그건 간단히 확인해 볼 수 있지."

용선생은 양팔저울을 꺼내 똑같은 크기로 분 풍선을 양쪽에 매달았다.

"누가 한쪽 풍선만 터뜨려 볼래?"

곽두기가 얼른 나서서 오른쪽 풍선을 터뜨렸다.

▲ **풍선을 이용해 공기의 무게 알아보기** 양팔저울이 수평을 이루도록 풍선 두 개를 매단 뒤 한쪽 풍선을 터뜨리면, 양팔저울은 공기가 들어 있는 풍선 쪽으로 기울어.

"앗! 한쪽 풍선을 터뜨리니 저울이 기울었어요!"

"그렇지? 양팔저울이 공기가 들어 있는 풍선 쪽으로 기울었어. 공기도 무게가 있으니까 공기가 든 풍선 쪽으로 기울어진 거야."

"우아, 정말 공기도 무게가 있구나. 지금껏 몰랐네요. 신기해요!"

"하하, 내가 더 신기한 걸 알려 주지. 지금 너희들 어깨

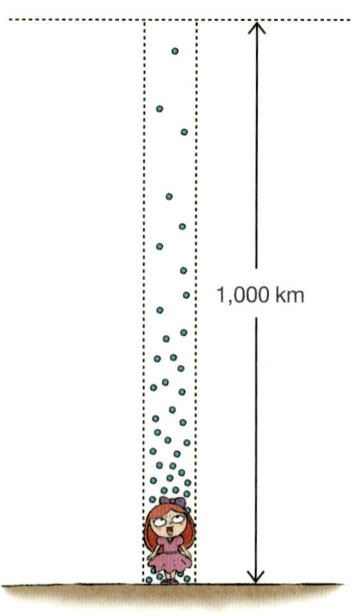

▲ 공기 기둥의 높이

위에 뭐가 있을까?"

"있기는 뭐가 있어요? 아무것도 없지."

장하다의 말에 나선애가 나섰다.

"공기가 있잖아."

"그렇지. 너희 어깨 위에 공기 기둥이 있다고 상상해 봐. 그 공기 기둥은 어디까지 이어져 있을까?"

"위쪽으로 올라가다 보면……. 공기가 없어질 때까지 이어져 있겠죠."

"맞아. 지구에서 공기는 땅으로부터 약 1,000km(킬로미터) 높이까지 있어. 그래서 공기 기둥의 높이도 약 1,000km이지."

"헉, 그렇게 높아요?"

"생각보다 높지? 너희가 상상한 공기 기둥에 들어 있는 공기의 무게가 바로 기압으로 작용하는 거야. 우리가 사는 지구의 표면을 '지표면'이라고 하는데, 과학자들은 지표면 부근의 기압을 1기압이라고 정했어. 그러니까 지금 1기압의 공기가 우리를 누르고 있는 거지."

"그럼 공기는 위에서 아래로만 누르나요?"

"그렇지는 않아. 공기는 끊임없이 움직여. 그래서 꼭 위에서 아래 방향이 아니더라도 공기가 움직이며 어느 방향으로든 압력을 작용할 수 있어. 기압은 사방으로 작용하고 있단다."

"하지만 아무런 느낌이 없는걸요? 공기가 아주 가벼워서 그런가요?"

"그렇지 않아. 지표면에 있는 우리 몸에는 소형 자동차 한 대의 무게와 비슷한 크기의 기압이 작용해."

"네에? 자동차 한 대의 무게요? 그렇게 무겁다면 왜 느끼지 못하는 거죠?"

"우리가 기압을 느낄 수 없는 까닭은 몸 안과 밖의 기압이 똑같고, 우리 몸이 그러한 상태에 적응해 있기 때문이란다."

"몸 안에도 기압이 있어요?"

"그럼. 우리가 숨 쉴 때 공기는 우리 몸으로 들어왔다 나갔다 해. 그래서 우리 몸속의 폐, 귀, 코, 입속에 몸 밖과 똑같은 기압의 공기가 있지. 덕분에 몸 안과 밖의 기압이 똑같단다."

아이들이 고개를 끄덕였다.

"우리는 공기가 있는 지구에서 태어나고 자랐어. 우리뿐 아니라 모든 인간이 아주 먼 옛날부터 공기 속에 살았단다. 따라서 우리 몸은 공기가 있는 상태에 맞게 적응했어.

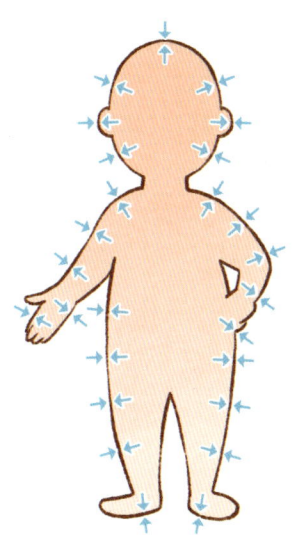

▲ **우리 몸 안과 밖의 기압** 우리 몸속에 있는 공기는 몸 밖에 있는 공기와 기압의 크기가 같아.

우리 몸의 뼈나 근육, 피부 등은 지구의 기압에 맞춰져 있지. 그래서 우리는 기압을 느끼지 못하는 거야."

핵심정리

기압은 공기의 무게 때문에 생기고 사방으로 작용해. 우리 몸은 안과 밖의 기압이 똑같은 데다가 이러한 상태에 적응해 있기 때문에 평소에는 기압을 느낄 수 없어.

빨대로 음료수를 마시는 원리는?

그때 장하다가 볼멘 목소리로 말했다.

"근데요, 선생님. 빨대로 콜라를 마시는 거랑 기압이 무슨 상관이에요?"

"아차, 그 문제를 해결해야지. 차근차근 생각해 보자. 음료수에 빨대를 꽂으면 음료수를 사이에 두고 빨대 바깥에도 공기가 있고 빨대 속에도 공기가 있어. 이때 두 기압은 크기가 같아서 아무 일도 일어나지 않아. 몸 안과 밖의 기압이 같아서 아무

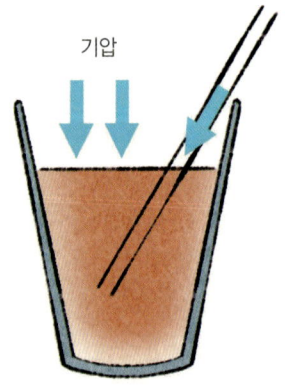
기압

일도 일어나지 않는 것처럼 말이야."

"빨대를 꽂아 두기만 한다고 음료수가 나오진 않죠."

"하하, 그렇지. 하지만 빨대를 입에 물고 빨아 당기면 그 순간 빨대 안쪽의 공기가 입속으로 이동할 거야."

아이들이 고개를 끄덕였다.

"그럼 빨대 안의 공기가 순간적으로 적어지니까 빨대 속 공기의 무게는 줄어들고 기압도 바깥 기압보다 낮아지지."

"그러면 어떻게 돼요?"

"너희가 아는 것처럼 콜라가 빨대 안으로 밀려 올라와 입속으로 들어오지. 이 현상은 한 물체를 양쪽에서 미는 것과 같은 원리야. 만약 두 사람이 양쪽에서 서로 다른 힘으로 물체를 민다면 물체는 어떻게 움직일까?"

"그야 힘이 더 큰 사람이 미는 쪽으로 움직이겠죠."

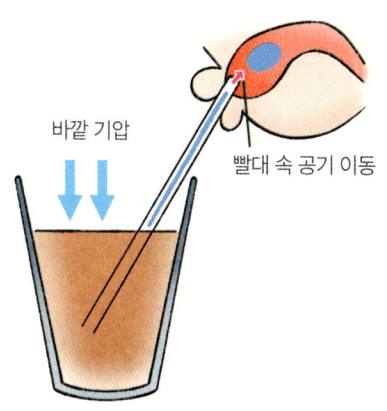

▲ **빨대를 빨아 당기는 순간** 빨대 속 기압이 바깥 기압보다 낮아져.

▲ **한 물체에 두 힘이 작용할 때** 물체는 더 큰 힘이 작용하는 쪽으로 움직여.

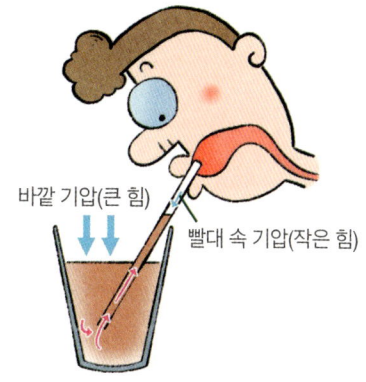

▲ **빨대로 음료수를 마시는 원리**

"맞아. 마찬가지로 콜라를 사이에 두고 양쪽에서 기압이 작용할 때 기압이 높은 쪽에서 콜라를 더 세게 밀기 때문에 기압이 낮은 쪽으로 콜라가 이동해. 그래서 콜라가 입속으로 들어오지."

"그러면 아까 하다는 왜 콜라를 마실 수 없었죠? 하다도 계속 공기를 빨아들이고 있었잖아요."

"하다는 빈 빨대를 하나 더 물고 있었잖니? 두 빨대는 입을 통해 연결된 셈이야."

"그렇죠."

"이 상태에서 빨대를 빨아 당기면 빈 빨대를 통해서 입 안으로 바깥 공기가 계속 들어와. 이렇게 빈 빨대를 통해 들어온 공기는 입을 통해 콜라에 담긴 빨대 속으로도 들어갈 거야. 이렇게 되면 콜라에 담긴 빨대 속 기압이 바깥 기압보다 낮아질 수 있을까?"

"아뇨. 계속 바깥 공기가 들어오니까 두 기압은 같을 거예요."

"그렇지! 양쪽 기압이 똑같아서 콜라가 움직이지 않은 거야."

"아하, 그래서 아까 선생님이 수재가 기압

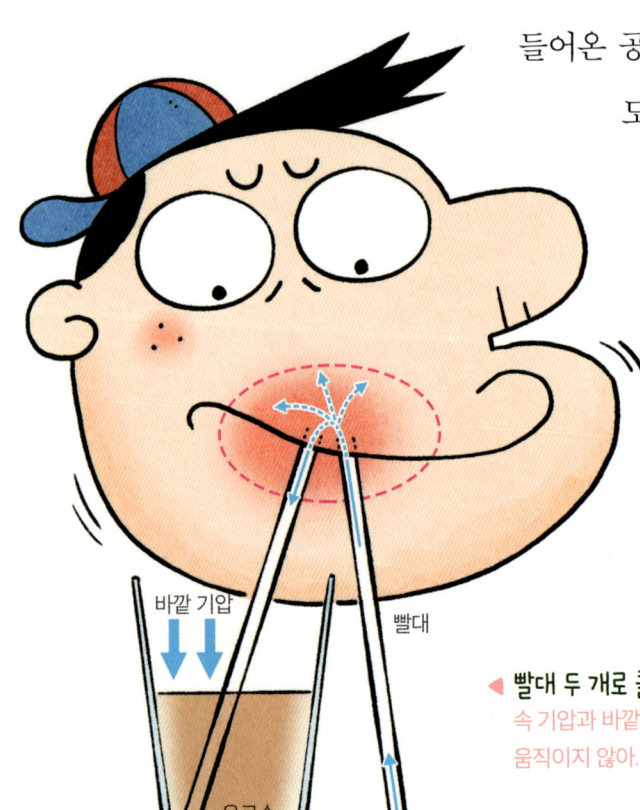

◀ **빨대 두 개로 콜라를 빨아 당길 때** 빨대 속 기압과 바깥 기압의 크기가 같아서 콜라가 움직이지 않아.

을 이용했다고 하셨군요."

"맞았어. 알고 보면 우리 주변에는 기압을 이용하는 물건이 많아. 집에서 사용하는 진공청소기도 빨대와 마찬가지로 기압을 이용해. 진공청소기를 켜면 기계가 돌아가며 청소기 안쪽 공기를 빼내. 그럼 청소기 안의 기압이 낮아져서, 기압이 높은 청소기 바깥 공기가 진공청소기 속으로 이동하지. 이때 먼지도 함께 빨려 들어가는 거야."

▲ 진공청소기

"아하. 그렇군요."

"공기는 언제나 우리 주변을 둘러싸고 있어서, 우리는 늘 기압의 영향을 받으며 살고 있단다. 그럼 오늘 수업은 여기까지!"

 핵심정리

빨대나 진공청소기는 기압을 이용하는 도구야.

# 나선애의 정리노트

1. 기압

① ⓐ [   ] 가 물체를 누르는 힘

② 물체 위에 있는 공기 기둥에 포함된 공기의 ⓑ [   ] 때문에 생김.

③ 사방으로 작용함.

④ 바깥 기압과 우리 몸속 기압이 같고, 우리 몸은 이러한 상태에 적응해 있어서 평소에는 기압을 느낄 수 없음.

2. 기압의 이용

① 빨대
- 빨대를 입에 물고 빨아 당기면 빨대 안쪽의 공기가 입속으로 이동함.
- 빨대 안의 ⓒ [   ] 이 순간적으로 바깥 기압보다 낮아짐.
- 기압이 더 ⓓ [   ] 바깥쪽에서 기압이 더 낮은 빨대 속으로 음료수가 이동함.

② 진공청소기
- 진공청소기 안쪽 공기를 빼내서 기압을 낮춤.
- 기압이 높은 바깥쪽에서 공기가 들어오면서 먼지도 함께 들어옴.

ⓐ 공기 ⓑ 무게 ⓒ 기압 ⓓ 높은

과학퀴즈 달인을 찾아라!

●정답은 111쪽에

01

친구들이 이번 시간에 배운 내용에 대해 이야기하고 있어. 옳으면 O, 옳지 않으면 X를 표시해 줘.

① 공기는 무게가 없어서 사람이 기압을 느끼기는 힘들어. (　　)
② 기압은 공기의 무게 때문에 생겨. (　　)
③ 기압은 사방으로 작용해. (　　)

02

다음 보기 의 괄호 속에 들어갈 낱말들이 아래 글에 숨어 있어. 가로, 세로, 대각선으로 연결해서 괄호 속에 들어갈 낱말을 찾아봐.

> **보기**
>
> 기압은 (　　)가 (　　)를 누르는 힘이야. 기압은 공기의 (　　) 때문에 생기지. 공기는 이리저리 움직이기 때문에 (　　)으로 작용해.

어	제	집	에	가	서	물	냉	면	을
먹	었	어	학	교	에	서	체	육	을
했	더	니	무	척	맛	있	었	어	반
찬	으	로	꽃	게	찜	도	먹	었	어
공	부	를	하	려	다	가	아	빠	를
기	다	리	기	로	했	어	사	과	를
동	생	이	랑	먹	었	는	데	방	귀
가	나	오	려	고	해	서	참	았	어

2교시 | 기압계

기압을 재려면?

그런데 저 바늘과 숫자는 뭐지?

자전거 바퀴에 바람을 넣나 봐.

"으아! 고민이다."

왕수재의 목소리에 아이들이 모두 돌아보았다.

"무슨 일인데?"

"자전거 바퀴에 바람이 빠져서 펌프로 바람을 넣으려는데 정확히 얼마나 넣어야 할지 잘 모르겠어."

"인터넷에 검색해 봐!"

"벌써 찾아봤지. 4기압이 될 때까지 넣으라는데, 4기압이 되었는지 알 수 없어서 말이야."

"그렇구나. 기압을 재는 장치가 있으면 좋겠다. 그치?"

그때 교실로 들어온 용선생이 말했다.

"하하, 기압을 재는 장치가 있지!"

"정말요? 어떤 건데요?"

기압을 재는 장치 속에는?

"바로 기압계야. 기압계가 달린 자전거 펌프를 쓰면 바람을 넣으면서 바로 기압을 알 수 있지."

"기압계로 어떻게 기압을 재는데요?"

"좋았어. 오늘은 기압계의 원리를 함께 알아보자."

용선생은 사진을 한 장 띄우고 설명을 계속했다.

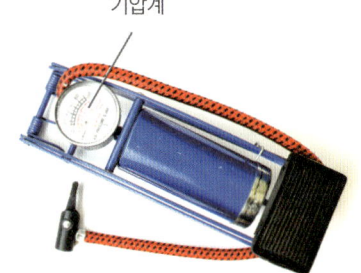
▲ 자전거 펌프

"기압계는 크게 두 종류가 있어. 발명된 순서에 따라 차례로 알려 줄게. 맨 처음 발명된 기압계는 바로 이 수은 기압계야. 사진으로 봐서는 잘 모르겠지만 길이가 1m를 넘는단다."

"우아! 생각보다 크네요."

"그렇지? 수은 기압계는 1643년 이탈리아의 과학자 토리첼리가 발명했어. 수은 기압계는 수은이 담긴 그릇에 기다란 유리관을 거꾸로 세운 형태야. 유리관 속에도 수은이 들어 있지."

"그런데 토리첼리는 어떻게 기압계를 발명했어요?"

▲ 수은 기압계

> **나선애의 과학 사전**
>
> 수은 은백색을 띠는 금속으로, 금속치고는 특이하게 평상시에 액체 상태로 존재해. 수은은 우리 몸에 해로우니 조심히 다루어야 해.

▲ **에반젤리스타 토리첼리**
(1608년~1647년) 이탈리아의 수학자이자 과학자야. 갈릴레이의 제자로, 기압에 관한 연구를 많이 했어.

"좋아, 지금부터 토리첼리의 실험을 소개할게. 토리첼리는 1m 정도 되는 유리관에 수은을 가득 담아서 마개로 막고 거꾸로 세웠어. 그리고 수은이 담긴 그릇에 입구가 잠기도록 담근 뒤, 조심스레 마개를 빼냈지. 그러자 유리관 속 수은이 아래로 내려오다가 어느 순간에 딱 멈추었어."

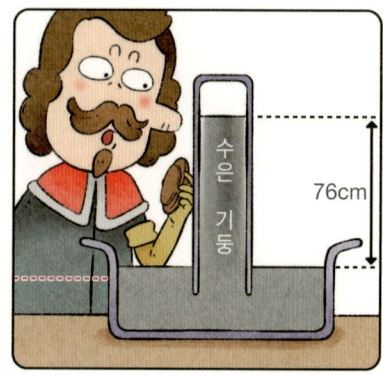

▲ 토리첼리의 실험

"네? 수은이 내려오다가 중간에 멈췄다고요?"

"응. 토리첼리는 유리관 속 수은이 모두 흘러나오지 않고 중간에 멈추는 까닭이 궁금했지."

"그러게요. 모두 흘러나올 것 같은데 왜 멈췄을까요?"

"일단 그릇 속 수은이 아래에서 받쳐 주겠지? 그리고 그릇 속 수은은 바깥 공기가 눌러 주고 있지."

"아하! 공기가 누르는 힘이 있다고 하셨죠!"

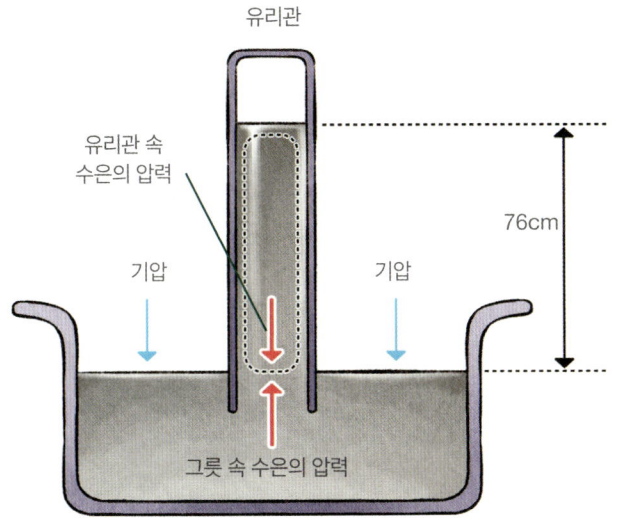

▲ **수은 기압계의 원리** 그릇 속 수은이 유리관 속 수은을 받쳐 주고, 바깥 공기가 그릇 속 수은을 누르고 있어.

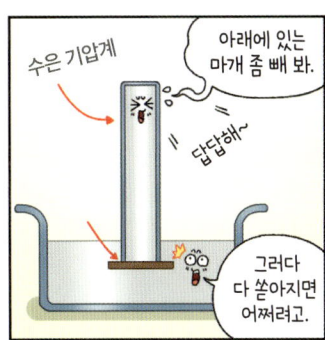

"그렇지. 이건 공기의 압력, 즉 기압이 있어서 가능한 일이야. 토리첼리도 공기가 무게를 가지고 있고, 이 무게 때문에 거꾸로 세운 유리관 속의 액체가 일정한 높이를 유지한다고 생각했지."

"그렇군요. 그런데 토리첼리는 왜 하필 수은을 사용한 거예요?"

"토리첼리가 수은을 쓴 가장 큰 까닭은 수은이 무거운 액체이기 때문이야. 처음에는 물을 사용하려고 했는데, 그러려면 유리관이 엄청나게 길어야 했어. 만약 물을 사용한다면 유리관의 길이는 10 m가 넘어야 했거든."

"우아! 엄청나게 기네요."

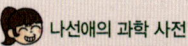

나선애의 과학 사전

상온 평상시 온도를 말해. 정확히 정해져 있지는 않지만 보통 15~25℃ 정도를 뜻하지.

"그렇지? 그 정도로 긴 유리관을 만들어 사용하는 건 거의 불가능해. 그래서 상온에서 가장 무거운 액체인 수은을 사용한 거야. 수은은 물보다 약 14배 무거워서 10m보다 훨씬 짧은 유리관으로도 실험이 가능하거든. 수은을 사용했더니 유리관 속 수은 기둥의 높이는 약 76 cm였어."

왕수재가 무릎을 탁 치며 나섰다.

"수은 기둥의 높이가 76 cm는 되어야 하니까, 수은 기압계의 길이가 1m 정도 되는 거군요."

"맞았어."

핵심정리

수은 기압계는 토리첼리가 발명했어. 토리첼리는 기압 때문에 수은 기둥의 높이가 약 76cm로 유지된다는 걸 발견했어.

 ## 수은으로 기압을 재는 원리는?

"그런데 여기서 눈여겨봐야 할 사실이 하나 있어. 수은 기둥이 76 cm에서 멈추었다는 건 토리첼리가 실험한 장소의 기압이 76 cm짜리 수은 기둥이 누르는 힘과 같다는 뜻

이야. 이 기압 값을 cmHg(센티미터에이치지)라는 단위를 사용해서 76 cmHg라고 나타낸단다."

"단위가 너무 복잡해 보여요."

"하하, 그러니? Hg는 과학에서 수은을 나타내는 기호야. 76 cmHg는 수은 기둥의 높이가 76 cm로 유지될 때의 기압이라는 뜻이지."

▲ 1기압 = 76 cmHg = 1013 hPa

"아, 보기보단 간단한 뜻이었네요. 헤헤."

"지난 시간에 우리가 살고 있는 지표면에서의 기압이 1기압이라고 했지? 토리첼리가 실험한 곳도 지표면이었어. 따라서 1기압과 76 cmHg는 단위만 다를 뿐 같은 값이야. 또 기압의 단위로 hPa(헥토파스칼)이라는 단위를 쓰기도 하는데, 1기압은 약 1013 hPa이란다."

"그런데 수은 기압계로 어떻게 기압을 재는 거죠?"

"사실 아주 간단해. 기압이 변하면 수은 기둥의 높이가 달라진단다. 먼저 기압이 높아지는 경우를 생각해 보자. 기압이 높다는 건 공기가 누르는 힘이 세다는 뜻이지? 이 경우 수은 기둥의 높이는 어떻게 될까?"

"그릇 속 수은을 세게 누르니, 수은 기둥의 높이는 더 높

 용선생의 과학 현미경

프랑스의 수학자 블레즈 파스칼의 이름을 딴 기압의 단위야. h(헥토)는 100배라는 뜻으로, 1 hPa는 100 Pa(파스칼)과 같아.

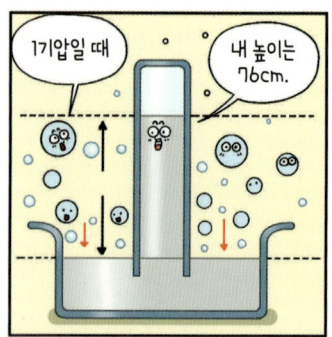

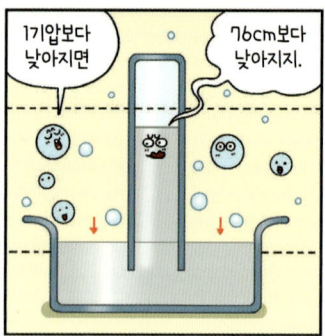

아지겠죠."

"그렇지. 반대로 기압이 낮아지면?"

"수은 기둥 높이가 낮아지겠죠."

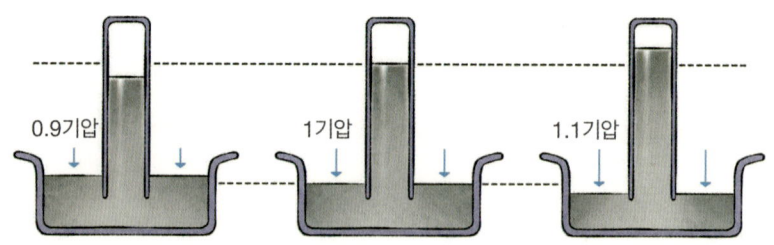

▲ 기압에 따른 수은 기둥의 높이 변화

▲ 수은 기압계에 표시된 눈금

"맞아. 수은 기둥의 높이가 낮으면 기압도 낮은 거고, 수은 기둥의 높이가 높으면 기압도 높은 거지. 유리관에 눈금을 표시하고 수은 기둥의 꼭대기가 어느 눈금을 가리키는지 읽으면 기압을 알 수 있어. 수은 기압계는 오늘날에도 많이 사용해."

핵심정리

1기압일 때 수은 기둥의 높이는 76cm야. 기압이 높아지면 수은 기둥의 높이도 높아지고, 기압이 낮아지면 수은 기둥의 높이도 낮아져.

수은 없이 기압을 재려면?

"그러면 자전거 펌프에 달린 기압계 속에도 수은 기압계가 들어 있어요?"

왕수재의 질문에 나선애가 대답했다.

"설마! 수은 기압계는 길이가 1m나 된다고 했잖아."

아이들이 웅성거리자 용선생이 말했다.

"맞아. 선애가 예상한 대로 수은 기압계는 가지고 다니기에 너무 커. 그리고 수은은 몸에 해로워서 가지고 다니기에 적합하지 않지."

"흠……. 그럼 어떡하죠?"

용선생이 교탁 밑에서 시계처럼 생긴 걸 꺼냈다.

"그래서 수은을 사용하지 않는 기압계가 발명되었어. 이걸 아네로이드 기압계라고 불러."

"아네…… 뭐라고요?"

"하하, 이름이 어렵지? 아네로이드는 그리스어로 '액체가 아니다.'라는 뜻이야."

"액체인 수은 없이 기압을 잰다는 말인가요?"

"맞아. 아네로이드 기압계 속에는 수은 대신 진공 금속통이 들어 있어. 진공 금속통은 안에 공기가 거의 없고, 단단

진공 금속통

▲ 아네로이드 기압계

> **나선애의 과학 사전**
>
> **진공** 참 진(眞) 빌 공(空). 어떤 공간에 아무것도 없는 상태를 말해. 보통 공기가 거의 없는 상태를 진공이라 불러.

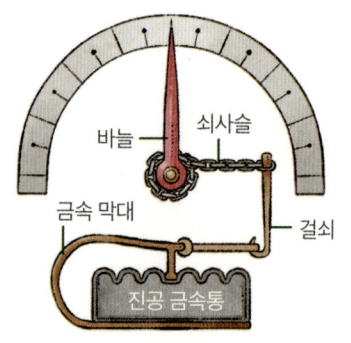

▲ 아네로이드 기압계 내부 구조

한 금속 막대가 진공 금속통의 윗면을 들어 올리고 있어. 이 금속 막대는 1기압에서 진공 금속통이 일정한 모양을 유지하게 해 줘."

"오호, 그렇군요."

"그런데 주변 기압이 1기압보다 높아지거나 낮아지면 바깥에서 진공 금속통을 누르는 힘이 달라져서 진공 금속통의 모양이 변해."

용선생은 새로운 그림을 띄웠다.

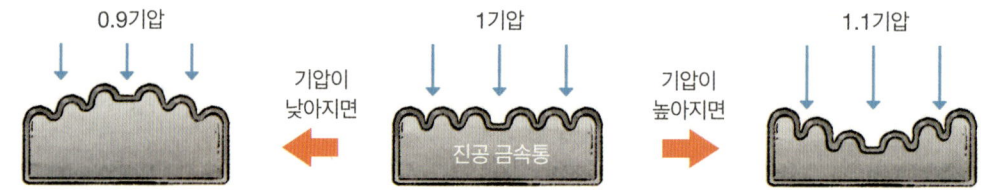

▲ 기압에 따른 진공 금속통의 모양 변화

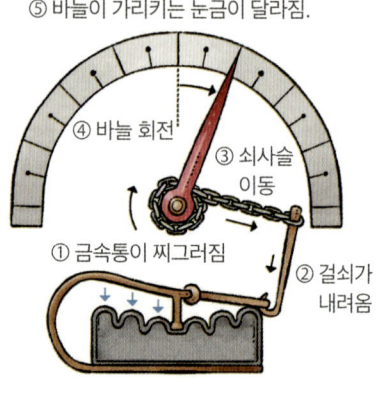

▲ 기압이 높아질 때

"기압이 낮아지면 금속통이 부풀어 오르고, 기압이 높아지면 금속통이 찌그러지네요."

"맞아. 진공 금속통의 모양이 변하면 바늘이 회전하고, 바늘이 가리키는 눈금을 읽으면 기압을 알 수 있어."

"우아, 그렇군요. 그러면 자전거 펌프에 달린 기압계는 아네로이드 기압계이겠네요."

"맞아. 요즘에는 수은 기압계보다는 간편한 아네로이드

▲ 아네로이드 기압계는 산업 현장이나 자동차 정비소 등 다양한 곳에 쓰여.

기압계를 많이 사용한단다."

용선생의 설명이 끝나자 장하다가 눈을 반짝이며 말했다.

"선생님, 우리 아네로이드 기압계 뜯어 봐요. 안에 정말 진공 금속통이 있는지 확인해 보게요!"

그 말은 들은 용선생이 손가락을 탁 튕기며 말했다.

"아주 좋은 생각인데? 다들 모여 봐!"

아이들이 몰려들며 외쳤다.

"야호! 용선생님, 최고!"

 **핵심정리**

아네로이드 기압계는 수은 기압계의 단점을 극복하기 위해 수은 대신 진공 금속통을 사용해. 진공 금속통은 기압에 따라 모양이 변하기 때문에 기압을 측정할 수 있어.

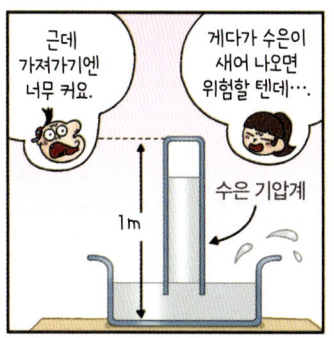

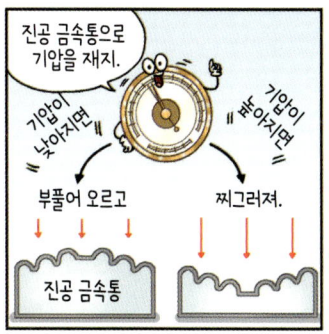

1. 수은 기압계의 원리

① 기압으로 인해 수은 기둥의 높이가 일정하게 유지되는 사실을 이용함.

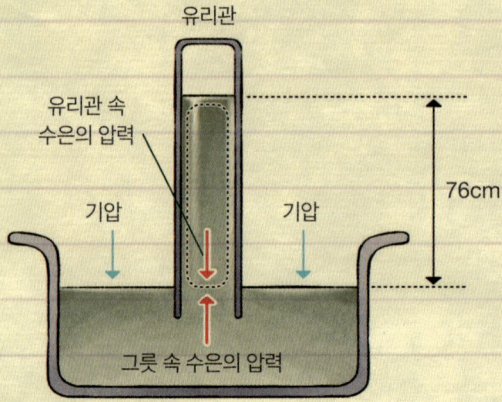

② 기압에 따라 수은 기둥의 높이가 변함.
- 기압이 낮아지면 수은 기둥의 높이가 ⓐ   .
- 기압이 높아지면 수은 기둥의 높이가 ⓑ   .

2. 아네로이드 기압계

① ⓒ   (액체)을 사용하지 않는 기압계
② 기압에 따라 진공 ⓓ   의 모양이 변해 기압을 측정할 수 있음.

정답 ⓐ 높아짐 ⓑ 낮아짐 ⓒ 수은 ⓓ 금속통

 # 과학퀴즈 달인을 찾아라!

●정답은 111쪽에

01

친구들이 이번 시간에 배운 내용에 대해 이야기하고 있어. 옳으면 O, 옳지 않으면 X를 표시해 줘.

① 수은 기압계는 토리첼리가 처음 만들었어. (　　)
② 기압이 낮은 곳에서는 수은 기둥의 높이가 높아져. (　　)
③ 아네로이드 기압계에는 수은이 들어 있어. (　　)

02

친구들이 기상청으로 현장 학습을 가려고 해. 기압이 높을 때 기압계에 일어나는 일을 따라가면 길을 찾을 수 있대. 친구들이 길을 찾을 수 있게 도와줘.

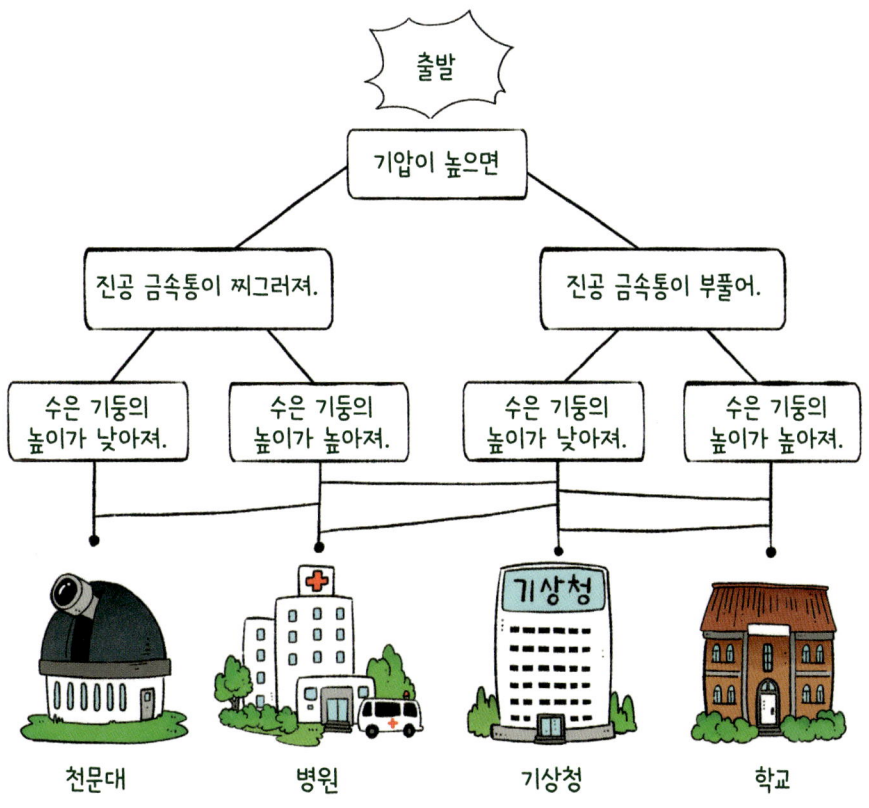

| 용선생의 과학 카페 | 용선생의 한국사 카페 | 용선생의 세계사 카페 | |

https://cafe.naver.com/yongyong

용선생의 과학 카페

과학계의 핵인싸,
용선생의 과학 카페에
오신 걸 환영합니다.

Log in

MENU

물리면 아프다
화학이 화하하
생물 오징어
지구는 둥글다

최초로 진공을 만든 사람은?

토리첼리는 왜 기압에 관한 실험을 했을까? 그건 토리첼리의 스승인 갈릴레이가 수동 펌프로 우물물을 끌어 올리다가 이상한 점을 발견했기 때문이야.

당시에는 펌프의 원리를 "자연은 진공을 싫어한다."라는 이론으로 설명했어. 이 말은 고대 그리스의 철학자 아리스토텔레스가 했던 말이야. 피스톤을 당겨서 펌프 속에 순간적으로 진공이 생기면, 물이 진공을 메꾸기 위해 밑에서 올라온다는 것이지.

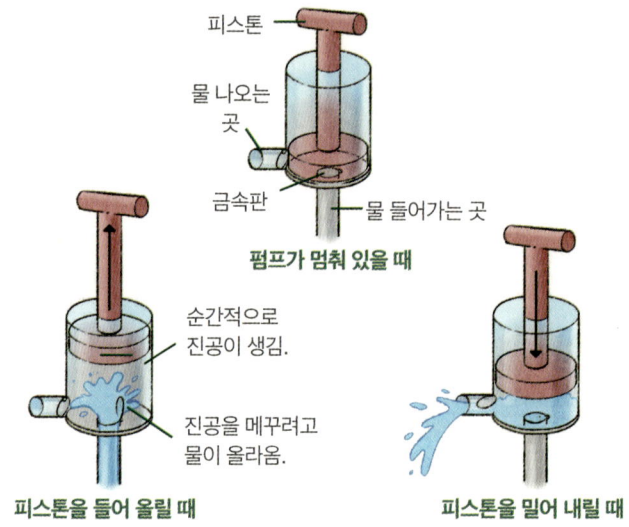

▲ 아리스토텔레스가 생각한 펌프의 작동 원리

그런데 갈릴레이는 펌프를 이용해도 10m보다 깊은 곳에 있는 물은 끌어 올릴 수 없다는 사실을 발견했어. 펌프 속에 순간적으로 진공이 생기는 건 똑같은데 물이 끌려오지 않으니 갈릴레이는 아리스토텔레스의 생각에 의문을 품었어.

만약 아리스토텔레스의 생각대로 자연이 진공을 싫어한다면 진공을 만들 수는 없을 거야. 따라서 진공을 만들 수 있다면 아리스토텔레스의 생각이 틀렸다는 걸 밝힐 수 있겠지? 그래서 갈릴레이는 토리첼리에게 진공을 만들어 보라는 과제를 남겼어.

토리첼리는 진공을 직접 눈으로 확인하기 위해 투명한 유리로 만든 펌프를 생각해 보았어. 하지만, 유리가 쉽게 깨질 것 같아 실험 방법을 조금 바꾸었지.

펌프로 물을 끌어 올리는 것과 반대로 유리관에 물을 가득 채운 다음 뒤집어 세우는 거야. 토리첼리는 기압 때문에 물이 유리관 밖으로 모두 흘러나오지 않고, 유리관 위쪽에 물이 빠져나와서 빈 공간, 즉 진공이 생기리라 생각했어.

앞에서 알아본 것처럼 토리첼리는 물 대신 가장 무거운 액체인 수은을 이용해 실험했어. 그리고 유리관 윗부분에 진공이 생긴다는 것을 확인했지. 이렇게 해서 토리첼리는 최초로 진공을 만든 사람이 되었어. 이 진공을 '토리첼리의 진공'이라고 불러.

- 장하다의 오답을 피하는 방법
- 나선애의 야무진 실험실
- 왕수재의 아는 척 과학교실
- 허영심의 별 헤는 밤
- 곽두기의 빅뱅 따라잡기

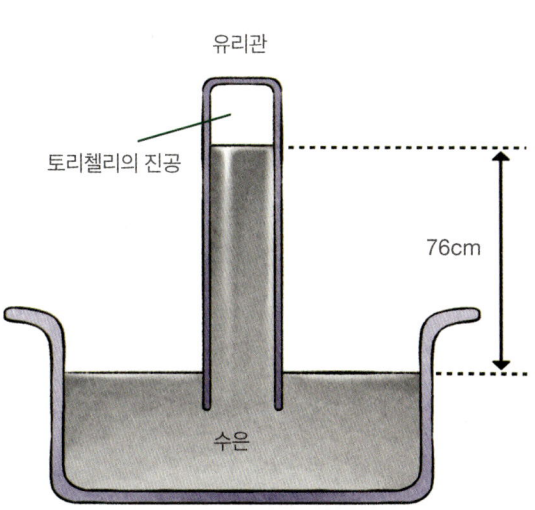

COMMENTS

- 토리첼리의 스승님은 갈릴레이! 왕수재의 스승님은 용선생님!
  - 그럼 나는 갈릴레이와 동급?
  - 헉! 용선생님 등장.
  - 네. 그냥 그런 걸로 해요.

"나 어제 새로 생긴 전망대에 다녀왔다!"

허영심이 과학실로 들어서며 자랑했다.

"우아! 거기가 우리나라에서 제일 높은 건물이라며?"

"응. 정말 높더라고."

"좋았겠다. 나도 다음에 가야지."

"그런데 엘리베이터를 타고 올라가는데 귀가 먹먹해져서 애먹었어."

"맞다. 비행기가 떠오를 때도 그러잖아."

나선애가 갑자기 생각난 듯 말했다.

"높은 곳으로 올라가면 귀가 먹먹해지나?"

그때 앞쪽에서 용선생 목소리가 들렸다.

"맞아. 그게 다 기압 때문이란다."

"또 기압이에요?"

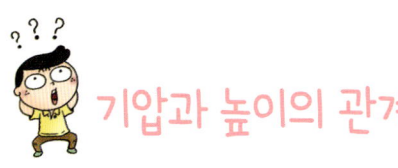
기압과 높이의 관계는?

"영심이가 겪은 일은 높이에 따라 기압이 달라져서 그래. 지난 시간에 우리가 사는 지표면 부근에서 기압이 얼마라고 했지?"

"1기압이요!"

"그렇지. 지표면 부근의 기압은 약 1기압이지만 높은 곳으로 올라갈수록 기압이 낮아진단다."

"왜요?"

"우리 몸에 작용하는 기압은 우리 위에 존재하는 공기 기둥에 들어 있는 공기의 무게 때문에 생긴다고 했지? 그러면 우리가 산 아래에 있을 때와 높은 산 위에 있을 때 우리 위에 있는 공기 기둥의 길이는 어떻게 달라질까?"

"산의 높이만큼 공기 기둥의 길이가 줄어들겠죠?"

▼ 높이에 따른 공기 기둥의 길이 변화

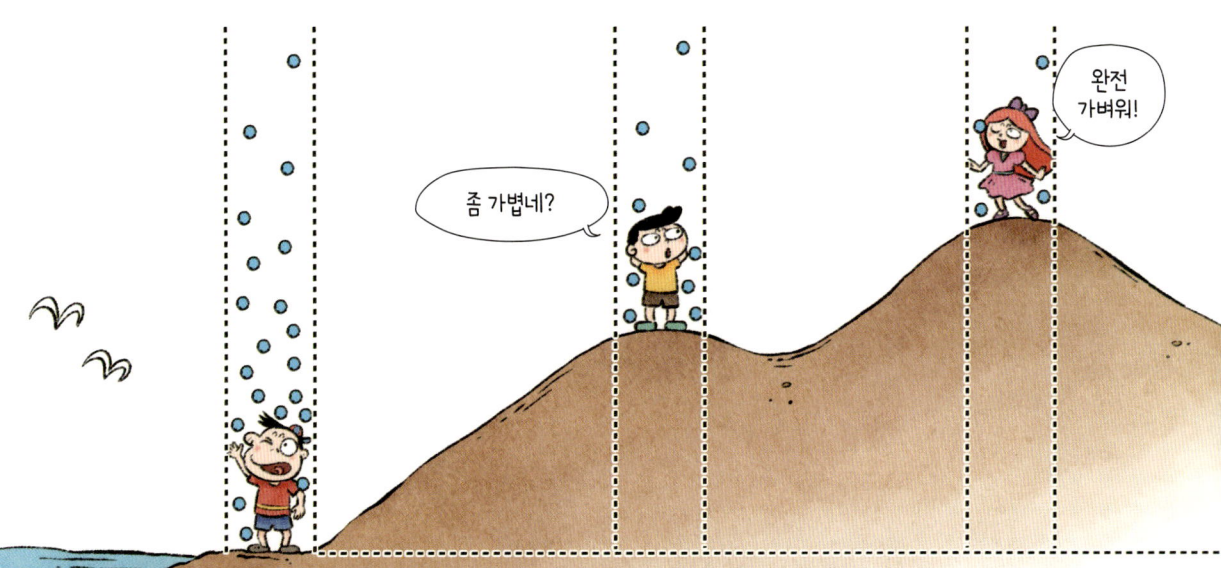

"맞아. 그러면 그 속에 담긴 공기의 무게도 줄어들 거야. 그래서 기압이 낮아지지."

그때 나선애가 손을 번쩍 들었다.

"공기 기둥의 높이는 1,000km나 된다고 했는데, 산에 올라가는 정도로 기압이 달라져요?"

"아주 좋은 질문이야. 공기의 양은 위로 올라갈수록 매우 급격히 줄어들어. 지표면에서 5~6km 정도만 올라가도 지표면 공기의 절반밖에 남지 않고, 10km 정도에 이르면 공기의 양은 지표면의 $\frac{1}{4}$로 줄지. 30km보다 높은 곳에서는 공기가 거의 없다고 봐도 될 정도야."

"우아, 정말 팍팍 줄어드네요."

"근데 왜 위로 올라갈수록 공기의 양이 급격히 줄어요?"

"그건 바로 지구의 중력 때문이지. 지구는 중력으로 공기

> **곽두기의 낱말 사전**
>
> 급격히 변하는 정도가 빠르고 심하다는 뜻이야.

> **나선애의 과학 사전**
>
> 중력 물체끼리 서로 끌어당기는 힘을 말해. 지구와 지구상의 모든 물체는 서로를 끌어당기고 있어. 중력은 물체 사이의 거리가 가까울수록 커져.

▶ 위로 올라갈수록 공기의 양이 줄어.

를 끌어당기고 있는데, 중력의 크기는 지표면에 가까울수록 커져. 따라서 지표면 가까운 곳에 공기가 더 많이 몰려 있는 거야."

"그렇군요. 높은 곳에서는 공기가 거의 없어서 숨 쉬기도 어렵겠어요."

"그래서 에베레스트산처럼 아주 높은 산에 오르는 사람들은 산소마스크를 쓰기도 해."

▲ 산소마스크를 쓰고 등산하는 모습

"아하, 사진으로 본 거 같아요."

"이처럼 공기는 지표면 근처에 많이 몰려 있고, 위로 올라갈수록 급격히 줄어들어. 그래서 기압도 지표면에서 가장 높고, 위로 올라갈수록 급격히 낮아진단다."

아이들이 필기를 하며 고개를 끄덕였다.

 핵심정리

위로 올라갈수록 공기 기둥의 길이가 짧아져서 기압이 낮아져. 우리가 살고 있는 지표면 가까운 곳에 공기가 더 많이 몰려 있어서 기압은 지표면에서 가장 높고 위로 올라갈수록 급격히 낮아져.

높은 곳에서 귀가 먹먹한 까닭은?

"이제 높은 곳으로 올라가면 귀가 먹먹해지는 까닭을 알아보자. 사실 높은 곳으로 올라간다고 무조건 귀가 먹먹해지는 건 아니야. 초고속 엘리베이터나 비행기를 타고 빠르게 위로 올라가야 느낄 수 있지."

용선생은 화면에 그림을 한 장 띄웠다.

▲ 귀의 구조

"이 그림은 귀의 구조를 나타낸 거야. 귓속에는 소리를 듣기 위한 여러 가지 기관이 있어. 특히 고막 안쪽을 '중이'라고 부르는데, 이곳은 '귀인두관'이라는 가느다란 관을 통해 코와 입으로 연결되어 있지."

"귀 안쪽이 코랑 입으로 연결되어 있군요."

"응. 귀인두관은 평소에 닫혀 있지만 침을 삼키거나 무

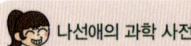

나선애의 과학 사전

고막 귓속에 있는 얇은 막으로 밖에서 들어온 소리를 안쪽으로 전달하는 역할을 해.

언가를 씹을 때, 또는 하품할 때 열려. 이때 바깥 공기가 코와 입을 통해 중이로 들어가. 이런 식으로 평소에는 중이와 바깥 기압이 같도록 조절된단다."

"그런데 두 기압이 꼭 같아야 해요?"

"두 기압이 다르면 문제가 생길 수 있거든."

"어떤 문제요?"

"초고속 엘리베이터를 타고 빠르게 올라가는 경우를 생각해 보자. 1층에서 중이 속 기압은 지표면의 기압과 같아. 그런데 초고속 엘리베이터를 타고 위로 빠르게 올라가면 바깥 기압이 빠르게 낮아져. 귀인두관이 열려 중이 속 기압이 바깥 기압과 미처 같아질 새도 없이 말이야."

"그러면 어떤 일이 일어나는데요?"

"이때 중이는 닫혀 있는 공간인 셈이지. 공기를 불어 넣은 뒤 단단하게 묶은 풍선 속처럼 말이야. 이런 상태에서 바깥 기압이 낮아진다고 생각해 봐. 중이 속 공기가 바깥쪽으로 미는 힘이, 바깥 공기가 안쪽으로 미는 힘보다 더 커지지."

"그러면 중이가 바깥쪽으로 부풀겠네요!"

"맞아. 게다가 그 사이에 있는 고막은 아주 얇은 막이라 중이가 부풀면……."

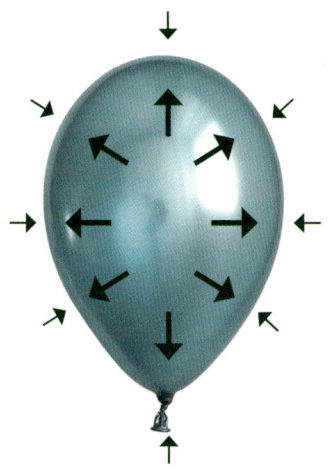

▲ 바깥 기압이 풍선 속 기압보다 낮아지면 풍선이 부풀어.

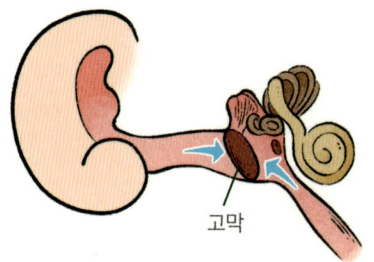
고막
▲ **안과 밖의 기압이 같을 때**
고막에 별다른 느낌이 없어.

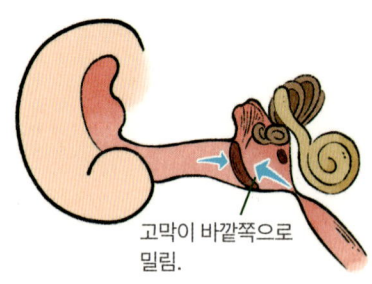
고막이 바깥쪽으로 밀림.
▲ **바깥 기압이 낮아질 때**
고막이 바깥쪽으로 밀리면서 먹먹한 느낌이 들어.

왕수재가 놀란 듯이 외쳤다.

"고막이 바깥쪽으로 밀리겠네요?"

"응. 중이가 부풀면 고막이 밖으로 밀리면서 귀가 먹먹한 느낌이 들지. 비행기가 이륙할 때에도 마찬가지야."

"으아, 그러다 고막이 다치면 어떡해요?"

"걱정하지 마. 그런 경우 침을 꿀꺽 삼키면 귀인두관이 열리면서 중이 속과 바깥 기압이 다시 같아져. 그럼 귀가 먹먹한 느낌이 사라지지."

"오호, 다음에 꼭 써먹어 봐야겠어요."

왕수재가 안심했다는 듯 고개를 끄덕이며 말했다.

 **핵심정리**

위로 빠르게 올라가면 바깥 기압이 중이 속 기압보다 낮아져서 귀가 먹먹한 느낌이 들어.

기압 때문에 이런 일도?

갑자기 용선생이 서랍에서 과자를 한 봉지 꺼냈다.

"우아! 과자다. 간식 타임인가요?"

"하하. 과자는 조금 이따가 나눠 먹기로 하고, 기압에 관한 이야기를 계속해 보자. 혹시 높이 나는 비행기 속에서 과자 봉지가 빵빵하게 부푼 걸 본 적 있니?"

"어! 제주도에 놀러 갈 때 비행기에서 본 거 같아요."

"그것도 위로 올라갈수록 기압이 낮아지는 현상과 관련이 있어."

"오호, 그래요?"

"응. 과자 봉지 속에는 과자가 부서지는 걸 막기 위해 기체가 들어 있어. 원래 과자 봉지 속 기압은 우리가 생활하는 지표면 기압에 맞춰져 있단다. 그런데 비행기가 높이

 용선생의 과학 현미경

과자 봉지 속에 들어 있는 기체는 질소야. 질소는 공기 중에 가장 많은 기체로, 다른 물질과 잘 반응하지 않아서 식품을 포장할 때 많이 사용해.

▲ 높이 나는 비행기 안에서는 과자 봉지가 부푸는 걸 볼 수 있어.

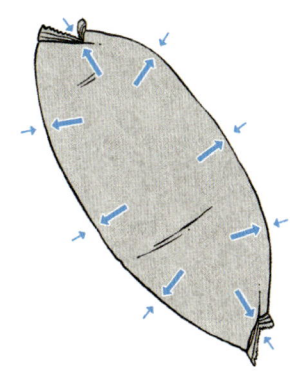

◀ 비행기 속 과자 봉지의 변화

올라갈수록 비행기 속 기압은 지표면보다 낮아져. 이렇게 되면 과자 봉지 안과 밖의 기압이 달라지지."

"그럼 과자 봉지 바깥의 기압이 안쪽 기압보다 낮아지겠네요?"

"그렇지. 과자 봉지 안에 있는 기체가 바깥쪽으로 미는 힘이, 과자 봉지 밖의 공기가 봉지를 누르는 힘보다 더 크니까 과자 봉지가 부풀어 오르는 거야."

"아하, 그렇군요."

"한편 높은 곳에서 낮은 곳으로 내려오면 반대 현상을 볼 수 있어. 예를 들어, 아주 높은 산에 등산을 가서 산 정상에서 다 마신 생수병의 뚜껑을 닫아서 가지고 내려오면 생수병이 점점 찌그러지는 걸 볼 수 있지."

▲ **생수병의 변화** 산 정상의 공기를 담은 생수병이 산 아래쪽으로 내려올수록 점점 찌그러져.

"비행기에서 과자 봉지가 부푸는 것과 반대네요."

"그렇지. 산 정상에서 뚜껑을 닫은 빈 생수병 속에는 산 정상의 공기가 담겨 있을 거야. 그런데 기압은 아래쪽으로 내려올수록 높아져. 따라서 산 정상에서 뚜껑을 닫은 빈 생수병을 들고 내려오면 생수병 안쪽 기압보다 바깥 기압이 높아지지."

용선생의 설명이 끝나자 장하다가 과자에서 눈을 떼지 못하며 물었다.

"그나저나 과자는 언제 먹어요?"

"하하, 녀석도 참. 알았다! 오늘 수업은 여기까지. 지금부터 간식 타임 시작!"

> 높이 나는 비행기 속에서 과자 봉지가 부풀고, 산 정상에서 들고 내려온 빈 생수병이 찌그러지는 것은 높이에 따라 기압이 달라져서 일어나는 현상이야.

# 나선애의 정리노트

1. 높이에 따른 기압의 변화
   ① 위로 올라갈수록 ⓐ [　　　] 기둥의 길이가 짧아져서 기압은 낮아짐.
   ② 기압은 우리가 사는 ⓑ [　　　　　]에서 가장 높고, 위로 올라갈수록 급격히 낮아짐.
   · ⓒ [　　　]가 지표면 가까운 곳에 더 많이 몰려 있기 때문

2. 높이에 따른 기압의 변화 때문에 일어나는 현상
   ① 높은 곳으로 빠르게 올라가면 ⓓ [　　　]가 먹먹해짐.
   ② 높이 나는 비행기 속에서 과자 봉지가 부풀어 오름.
   ③ 높은 산 정상에서 들고 내려온 빈 생수병이 찌그러짐.

ⓐ 공기 ⓑ 지표면 ⓒ 공기 ⓓ 귀

과학퀴즈 달인을 찾아라!

●정답은 111쪽에

01

친구들이 이번 시간에 배운 내용에 대해 이야기하고 있어. 옳으면 O, 옳지 않으면 X를 표시해 줘.

① 높은 곳으로 올라갈수록 기압은 낮아져. (   )

② 기압은 우리가 사는 지표면에서 가장 낮아. (   )

③ 높이 나는 비행기 속에서 과자 봉지가 찌그러져. (   )

02

곽두기가 열기구를 타고 산꼭대기까지 올라가려고 해. 높은 곳으로 올라갈 때 일어날 수 있는 일을 따라가면 산꼭대기에 쉽게 도착할 수 있어. 곽두기에게 길을 알려주자.

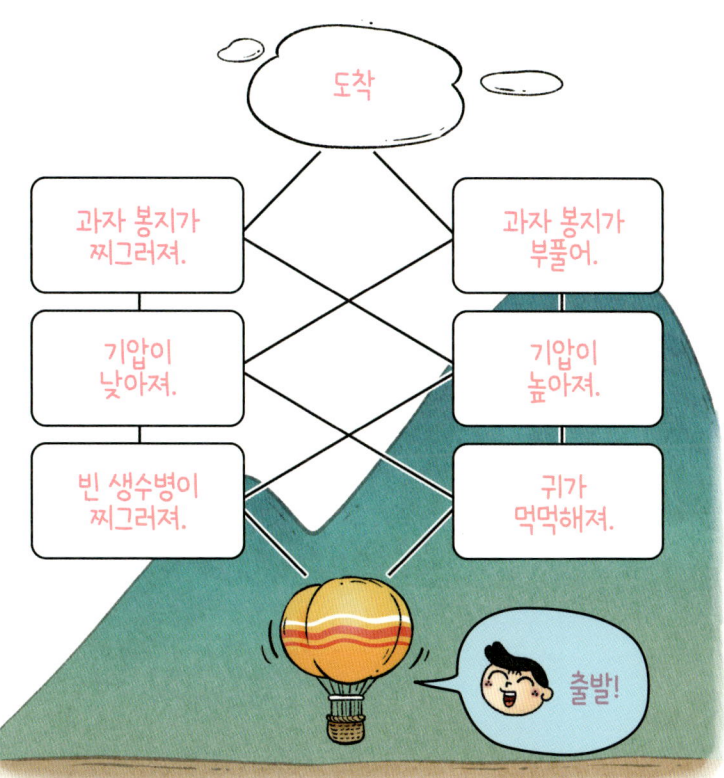

| 용선생의 과학 카페 | 용선생의 한국사 카페 | 용선생의 세계사 카페 |

← https://cafe.naver.com/yongyong

용선생의 과학 카페

과학계의 핵인싸,
용선생의 과학 카페에
오신 걸 환영합니다.

[Log in]

MENU

- 물리면 아프다
- 화학이 화하하
- 생물 오징어
- 지구는 둥글다

비행기 속 기압은 얼마일까?

 비행기가 나는 높이에서 기압은 얼마나 돼요?

 비행기는 보통 7,000~10,000 m 높이까지 올라가. 이 높이에서 바깥 기압은 약 0.2기압이야. 지표면이 1기압인 것과 비교하면 매우 낮은 기압이지. 만약 아무런 대비 없이 기압이 이렇게 낮아지면 공기 중에 산소가 부족해져서 사람은 제대로 숨도 쉴 수 없을 거야.

 헉! 그럼 어떡해요?

 이런 일을 막기 위해 비행기에는 '여압 장치'라는 공기 처리 장치가 달려 있어. 여압 장치는 비행기에서 사람이나 화물이 있는 곳을 바깥과 완전히 막고 지표면과 비슷한 기압의 공기를 불어 넣는 장치야.

 휴, 다행이네요.

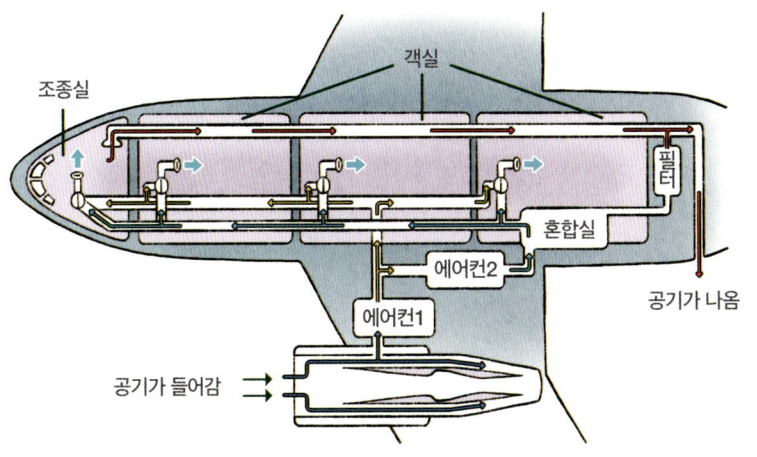

조종실 / 객실 / 필터 / 혼합실 / 에어컨2 / 에어컨1 / 공기가 나옴 / 공기가 들어감

▲ **비행기의 여압 장치** 엔진으로 들어온 바깥 공기는 여압 장치에서 지표면과 비슷한 기압으로 바뀐 뒤 조종실과 객실로 들어와.

 그런데 여압 장치를 이용해 비행기 안의 기압을 지표면과 똑같게 만들면 새로운 문제가 생겨. 비행기 안의 기압이 밖의 기압보다 너무 높으면 비행기 몸체가 바깥으로 밀려나는 힘을 계속 받아서 비행기가 망가질 수 있거든. 그렇다고 기압 차이를 견딜 수 있게 비행기 몸체를 무조건 튼튼하게 만들 수도 없지. 재료비도 많이 들고, 무거워지니까 말이야.

 큰일이네요. 그래도 뭔가 해결 방법을 찾았겠죠?

 응. 그래서 비행기 안의 기압을 0.8기압 정도로 맞춰. 사람들이 거의 불편함을 느끼지 않으면서 비행기 몸체도 무리를 적게 받는 기압을 찾은 거지. 그래도 지표면보다는 기압이 낮기 때문에 귀가 먹먹해지거나 몸이 살짝 부을 수 있으니 주의해야 해.

장하다의 오답을 피하는 방법
나선애의 야무진 실험실
왕수재의 아는 척 과학교실
허영심의 별 헤는 밤
곽두기의 빅뱅 따라잡기

 난 비행기를 타면 배가 부풀고 가스가 차던데, 그것도 기압 때문인가?

└ 기내식을 너무 많이 먹어서 그런 거 아냐?

└ 어쨌든 하다 형은 방귀쟁이~

4교시 | 바람

바람이 부는 까닭은?

바람이 엄청나게 불어!

이러다 나무가 쓰러지겠는데….

교과연계

초 5-2 날씨와 우리 생활
중 3 기권과 날씨

도대체 바람은 왜 부는 거지?

어서 과학실로 가서 알아보자꾸나!

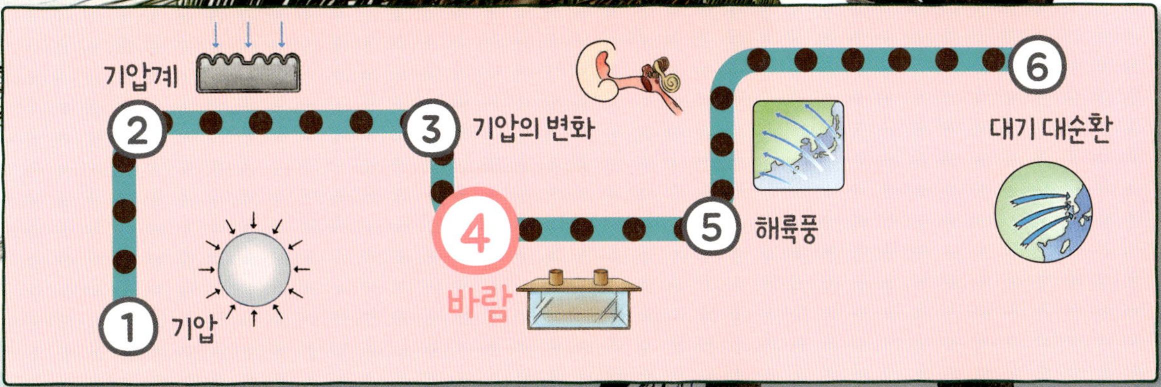

1. 기압
2. 기압계
3. 기압의 변화
4. 바람
5. 해륙풍
6. 대기 대순환

"오늘따라 바람 한 점 없네."

장하다가 열린 창문을 보며 말했다. 그때 과학실 문이 열리면서 용선생이 들어왔다.

"뭐야. 다들 표정이 안 좋네?"

"덥고 답답해서 공부할 기분이 안 나요."

아이들이 고개를 끄덕이는데 나선애가 물었다.

"그런데요, 선생님. 왜 어떤 날은 바람이 세게 불고 또 어떤 날은 오늘처럼 거의 안 불고 그러는 거예요?"

바람을 만들어라!

"좋은 질문이야. 선애의 궁금증을 해결하기 전에 한 가지만 물어볼게. 다들 바람이 뭔지는 아니?"

곽두기가 손을 번쩍 들었다.

"에이, 그렇게 간단한 걸 물어보시다니. 바람은 공기가 움직이는 거잖아요."

"하하, 잘 알고 있네. 그렇다면 바람이 왜 부는지도 알고 있니?"

순간 아이들이 조용해졌다.

"솔직히 바람이 왜 부는지는 생각해 본 적이 없어요."

"좋아. 그러면 우리 바람을 만들어 보면서 바람이 왜 부는지부터 알아보자."

"바람을 만든다고요?"

용선생은 선반에서 가로 길이가 1m 정도 되는 커다란 상자를 꺼냈다.

"자, 내가 이 상자 안에 바람을 만들어 볼게."

▼ **실험에 사용되는 상자** 상자 앞면은 속을 들여다볼 수 있게 투명하고, 뚜껑에 굴뚝이 두 개 있어.

용선생은 상자의 한쪽 바닥에 얼음이 담긴 컵을 놓고, 반대쪽에는 컵과 높이가 비슷한 촛불을 세웠다.

▲ 바람 만들기 실험 장치

"조금만 기다리면 이 속에 바람이 생겨."

아이들이 기대감을 품고 상자 속을 뚫어지게 쳐다보았다. 하지만 시간이 흘러도 아무런 변화가 없었다.

"선생님. 공기는 눈에 안 보이니까 바람을 본다는 건 불가능한 일이 아닐까요?"

"하하! 이제야 알아차렸구나. 그렇다면 공기의 움직임을 눈으로 볼 방법은 없을까?"

용선생의 질문에 아이들은 생각에 잠겼다.

"선생님이 힌트를 줄게. 공장 굴뚝에서 나는 연기를 보면 바람이 어디로 부는지 알 수 있지? 비슷하게 생각해 봐."

"아하! 상자에도 연기를 넣으면 되겠네요."

왕수재의 말에 나선애가 큰 소리로 말했다.

"불로 피우는 모기향은 어때요? 저 상자 속에 모기향을 켜 두면 연기가 생겨서 공기가 움직이는 걸 확인할 수 있을 것 같아요."

"아주 좋은 생각이야. 모기향도 좋지만, 오늘은 과학실에 있는 향을 사용해 볼게."

용선생은 상자에 연기가 나는 향을 집어넣은 뒤 다시 뚜껑을 잘 닫았다. 아이들은 향에서 피어오르는 연기에 눈을 고정했다.

▲ **굴뚝 연기와 바람의 방향** 굴뚝에서 나오는 연기는 바람이 부는 방향으로 날려. 위 사진에서 바람은 왼쪽에서 오른쪽으로 불고 있어.

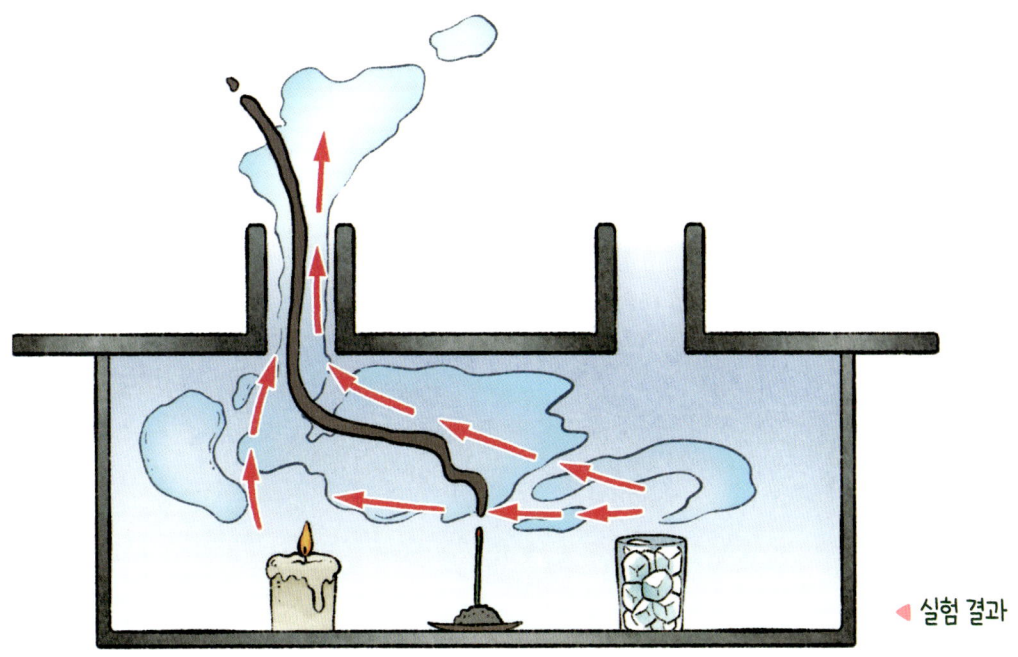

◀ 실험 결과

"앗! 움직인다, 움직여."

아이들이 향 연기가 움직이는 방향을 손가락으로 가리키며 말했다.

"촛불 위에 있는 굴뚝으로 향 연기가 올라가요."

"얼음 쪽에서 촛불 쪽으로 향 연기가 움직이는 것도 보이고요."

"연기가 위로도 올라가고 옆으로도 움직이지? 보통은 공기가 수평 방향으로 움직이는 걸 바람이라고 해. 그렇다면 우리가 만든 바람의 방향은 어느 방향이지?"

"바람은 수평 방향이니까 얼음에서 촛불 쪽이에요."

"맞아. 그렇다면 촛불과 얼음은 어떤 점이 다를까?"

"음....... 촛불은 뜨겁고 얼음은 차가워요."

"맞아. 촛불 주위의 공기는 온도가 높고, 얼음 주위의 공기는 온도가 낮아. 한마디로, 상자 속 바람은 온도가 낮은 곳에서 높은 곳으로 분 거야."

"오호, 그렇군요."

 핵심정리

보통, 공기가 수평 방향으로 움직이는 걸 바람이라고 해. 바람은 온도가 낮은 쪽에서 온도가 높은 쪽으로 불어.

바람이 부는 까닭

"그러면 촛불 위에 있는 굴뚝으로 향 연기가 올라가는 까닭은 뭐예요?"

"주위보다 온도가 높은 공기는 위로 떠오르고, 주위보다 온도가 낮은 공기는 아래로 가라앉는 성질이 있어. 따라서 촛불 때문에 온도가 높아진 공기는 상승하고, 얼음 때문에 온도가 낮아진 공기는 하강하지. 그래서 두 굴뚝 중 촛불 쪽 굴뚝에서만 향 연기가 올라오는 거야."

"아하, 그렇군요."

"그런데 이러한 현상 때문에 촛불 주위와 얼음 주위의 기압이 달라진단다."

"네? 기압이 달라진다고요?"

"기압은 공기의 무게 때문에 생긴다고 했지? 온도가 높은 촛불 근처에서는 공기가 상승하여 위로 빠져나가. 따라서 촛불 주변에는 일정한 부피 속에 있는 공기 알갱이의 수가 줄어들어. 그 결과 공기의 무게가 줄어들어서 주위보다 기압이 낮아져."

"음……. 그런 일이 생기는군요."

"반대로 온도가 낮은 얼음 근처로 공기가 하강하면 아

> **곽두기의 낱말 사전**
>
> **상승** 위 상(上) 오를 승(昇). 낮은 데서 위로 올라간다는 뜻이야.
>
> **하강** 아래 하(下) 내릴 강(降). 높은 데서 아래로 내려온다는 뜻이야.

▲ **열기구** 주위보다 온도가 높은 공기가 상승하는 성질을 이용해 하늘 위로 떠오르는 장치야.

> **나선애의 과학 사전**
>
> **부피** 물질이 차지하는 공간의 크기를 말해.

래로 공기가 몰려들어. 따라서 얼음 주변에는 일정한 부피 속에 있는 공기 알갱이의 수가 늘어나지. 그 결과 공기 무게가 늘어나서 주위보다 기압이 높아진단다."

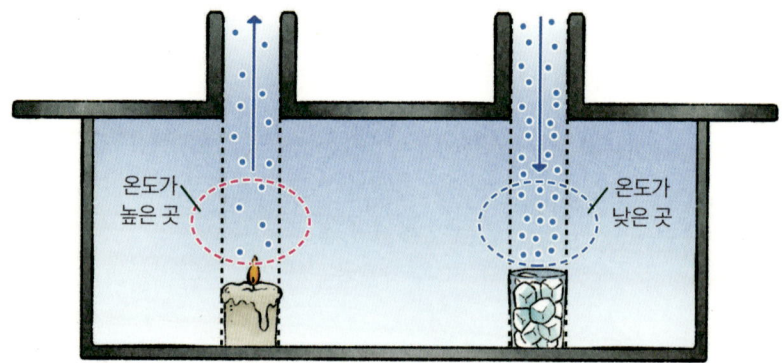

▲ 온도에 따른 공기 무게의 변화

"이야, 신기하네요."

"그렇지? 이렇게 주위보다 낮은 기압을 저기압, 주위보다 높은 기압을 고기압이라고 해. 이처럼 온도가 높은 곳에 저기압이, 온도가 낮은 곳에 고기압이 생겨. 상자 속에서는

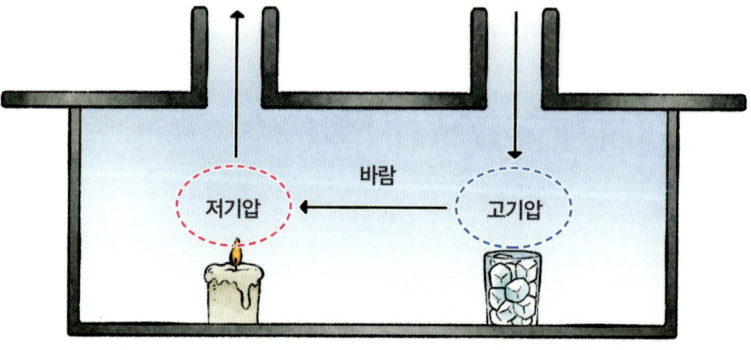

▲ 상자 속에 부는 바람 얼음 주변 고기압에서 촛불 주변 저기압으로 바람이 불어.

 용선생의 과학 현미경

고기압이나 저기압을 결정하는 기준이 정해져 있는 건 아니야. 주위보다 기압이 높으면 고기압이고, 낮으면 저기압이지. 따라서 고기압이나 저기압을 찾을 때는 주위 기압을 함께 살펴봐야 해.

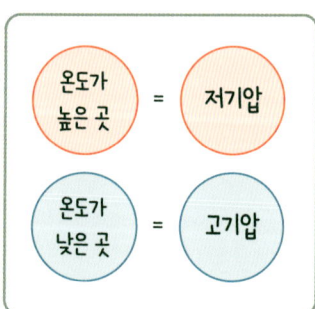

촛불 쪽이 저기압, 얼음 쪽이 고기압이지."

용선생은 아이들을 쓱 둘러본 뒤 말을 이었다.

"상자 실험에서 바람은 얼음 쪽에서 촛불 쪽으로 불었어. 바람의 방향을 고기압과 저기압으로 표현해 보면 어떻게 말할 수 있을까?"

"얼음 쪽이 고기압이고, 촛불 쪽이 저기압이니까……. 바람은 고기압에서 저기압으로 부네요."

"그렇지! 고기압에서는 공기가 하강하여 쌓이고 저기압에서는 공기가 상승하여 공기가 부족해지지. 따라서 저기압 쪽의 부족한 공기를 메우기 위해 고기압에서 저기압으로 공기가 이동해. 바람은 이런 식으로 늘 고기압에서 저기압으로 분단다."

"바람은 고기압에서 저기압! 꼭 기억해야겠어요."

"하하, 여기서 질문! 만약 두 곳의 기압 차이가 없다면 바람은 어떻게 불까?"

아이들은 잠시 생각에 잠겼다.

"기압 차이가 없으면 고기압, 저기압이 없다는 얘기니까 바람이 불지 않을 것 같아요."

나선애의 말에 용선생이 손가락을 탁 튕겼다.

"맞았어! 정리하면 바람은 기압 차이 때문에 불고, 고기

▲ **고기압과 저기압에서의 공기**
고기압은 저기압보다 일정한 부피 속에 공기 알갱이가 더 많아.

압에서 저기압으로 분다, 이 말이지."

온도가 높은 곳에 저기압이, 온도가 낮은 곳에 고기압이 생겨. 바람은 기압 차이 때문에 생기고, 고기압에서 저기압으로 불어.

 ## 땅 위에서 부는 바람은?

"우리는 상자 속에서 아주 조그맣게 바람을 만들었을 뿐이지만, 실제로 지표면 부근에서 바람이 부는 원리도 똑같아."

"그래요?"

장하다가 고개를 갸우뚱하며 물었다.

"응. 실험 상황을 그대로 확대했다고 생각해 봐. 상자 바닥이 지표면이 되겠지? 우리가 상자 속에 만든 바람은 지표면 근처에서 부는 바람에 해당해."

아이들이 고개를 끄덕이자 용선생이 말했다.

"지표면 근처에서 바람이 불려면 일단 촛불과 얼음처럼 온도가 높은 지역과 낮은 지역이 있어야 해. 그래야 저기압과 고기압이 생길 수 있으니까 말이야."

"그런데 지표면에서 온도가 높은 지역과 낮은 지역은 어떻게 생겨요?"

"그러게요. 엄청나게 커다란 촛불이 켜져 있는 것도 아닐 텐데요……."

나선애도 맞장구를 쳤다.

"하하. 우리에겐 태양이 있잖아. 넓은 들판과 숲이 있다고 생각해 보자. 들판은 낮 동안 내내 햇볕을 많이 받을 거고 숲은 적게 받을 거야. 이처럼 태양에 가열되는 정도가 다르면 두 지역의 기압이 달라질 수 있지. 상자 속에서 촛불이 켜진 곳이 햇볕을 많이 받는 들판이고, 얼음 컵이 놓인 곳이 햇볕을 적게 받는 숲인 셈이야."

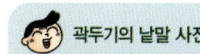

곽두기의 낱말 사전

가열 더할 가(加) 열 열(熱). 어떤 물질에 열을 주어 덥힌다는 뜻이야.

"그렇군요. 생각보다 간단하네요."

"이때에는 숲이 온도가 낮으니까 고기압이 되고, 들판이 온도가 높으니까 저기압이 돼. 두 곳의 기압이 달라지니까 바람이 불지."

용선생은 잠시 쉬었다가 말했다.

"또 다른 경우도 있어. 태양에 가열되는 정도가 같아도 지표면의 성질이

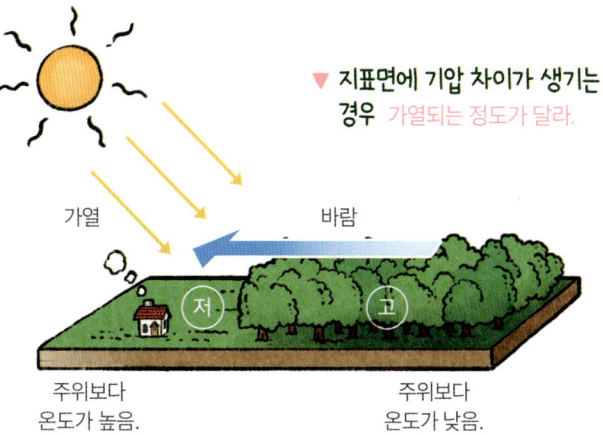

▼ 지표면에 기압 차이가 생기는 경우 가열되는 정도가 달라.

가열 / 바람

저 / 고

주위보다 온도가 높음. / 주위보다 온도가 낮음.

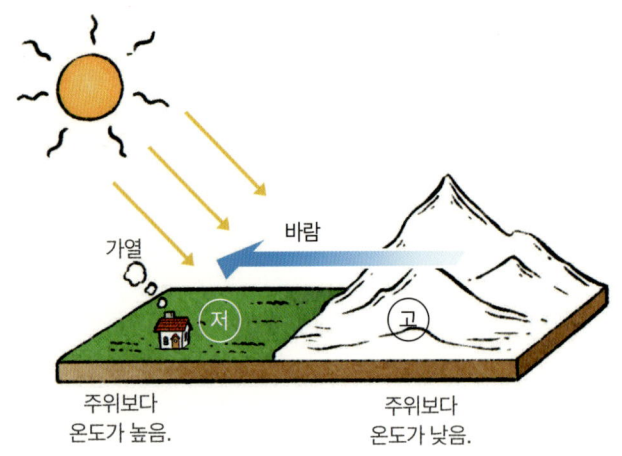

▲ **지표면에 기압 차이가 생기는 경우** 지표면의 성질이 달라.

다르면 기압 차이가 생길 수 있거든. 예를 들어, 넓은 지표면의 일부가 얼음으로 덮여 있다면 주위 지역보다 온도가 낮을 거야. 그러면 얼음이 덮인 지역은 고기압, 그렇지 않은 지역은 저기압이 돼. 그 결과 공기가 이동하면서 바람이 불지."

"아하! 어떤 까닭이든 지표면 온도가 다르면 기압 차이가 생겨서 바람이 부는군요."

"잘 이해했구나."

그때 왕수재가 손을 들었다.

"바람이 왜 부는지는 알겠는데요, 바람은 왜 세게 불었다 약하게 불었다 하는 거예요?"

"아차차. 원래 궁금했던 게 그거였지?"

모두 고개를 끄덕였다.

"바람의 세기는 두 지역의 기압이 얼마나 차이 나는지와 관련이 있어. 두 지역의 기압 차이가 클수록 고기압에서 저기압으로 공기가 더 많이, 더 빠르게 움직인단다. 그 말은……"

"바람이 더 세게 분다는 거죠."

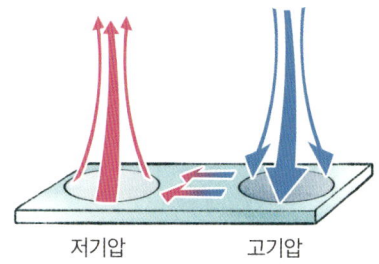
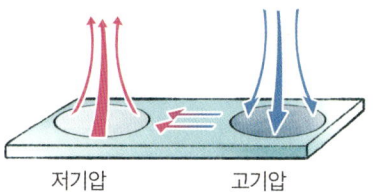

▲ **기압 차이가 큰 경우**
바람이 세게 불어.

▲ **기압 차이가 작은 경우**
바람이 약하게 불어.

"맞았어. 반대로 기압 차이가 작을수록 바람은 약하게 불고 기압 차이가 없으면 바람이 불지 않지."

"오호. 오늘은 교실 안과 밖의 기압 차이가 작은가 봐요. 그러니까 바람이 거의 불지 않는 거죠."

"맞아. 날씨도 더운데 너희들이 고생이 많구나. 오늘은 선생님이 특별히 에어컨을 켜 줄게."

"와, 선생님 최고!"

핵심정리

지표면이 태양에 가열되는 정도가 다르거나, 지표면의 성질이 다르면 기압 차이가 생겨서 바람이 불어. 기압 차이가 클수록 바람이 세져.

나선애의 정리노트

1. 바람
① 바람은 ⓐ_____가 수평 방향으로 이동하는 것
② 바람이 부는 까닭: ⓑ_____ 차이 때문

2. 고기압과 저기압

구분 기압	뜻	생기는 곳	공기의 이동	
			위아래 방향	수평 방향
고기압	주위보다 기압이 높은 곳	주위보다 온도가 낮은 곳	ⓒ_____	고기압 ↓ 저기압
저기압	주위보다 기압이 낮은 곳	주위보다 온도가 높은 곳	상승	

3. 바람의 발생과 세기
① 바람이 부는 방향: 고기압에서 ⓓ_____
② 지표면에 기압 차이가 생기는 경우
 • 태양에 의해 가열되는 정도가 다른 경우
 • 지표면의 성질이 다른 경우
③ 바람의 세기는 ⓔ_____의 차이와 관련이 있음.
 • 기압 차이가 크면 바람은 세짐.
 • 기압 차이가 작으면 바람은 약해짐.

ⓐ 공기 ⓑ 기압 ⓒ 하강 ⓓ 저기압 ⓔ 기압

과학퀴즈 달인을 찾아라!

● 정답은 111쪽에

01

친구들이 이번 시간에 배운 내용에 대해 이야기하고 있어. 옳으면 O, 옳지 않으면 X를 표시해 줘.

① 두 지역에 기압 차이가 나면 바람이 불어. (   )
② 바람은 기압이 높은 곳에서 낮은 곳으로 불어. (   )
③ 기압 차이가 클수록 바람은 약해져. (   )

02

허영심이 방탈출 게임을 하고 있어. 보기 의 괄호 안에 들어갈 말들을 순서대로 찾아야 탈출할 수 있대. 허영심이 방을 나갈 수 있게 도와주자.

> **보기**
> 고기압은 주위보다 기압이 (   )은 곳이야.
> 주위보다 온도가 (   )은 곳에 생기지.
> 고기압에서 공기는 (   )해.

https://cafe.naver.com/yongyong

용선생의 과학 카페

과학계의 핵인싸,
용선생의 과학 카페에
오신 걸 환영합니다.

[Log in]

MENU

- 물리면 아프다
- 화학이 화하하
- 생물 오징어
- 지구는 둥글다

바람의 방향과 빠르기를 정확히 재려면?

풍향 바람 풍(風), 향할 향(向): 바람의 방향

동서남북을 기준으로 위치를 나타낸 것을 '방위'라고 하는데, 풍향은 바람이 불어오는 쪽의 방위로 표현해. 예를 들어, 바람이 남쪽에서 불어온다면 남풍, 서쪽에서 불어온다면 서풍 같은 식이지.

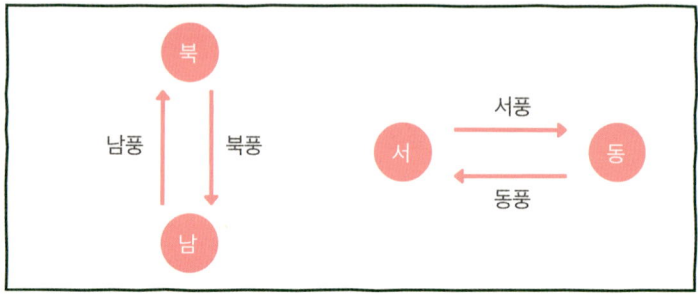

하지만 바람의 방향이 계속 변하는 경우도 많은데, 이럴 땐 풍향을 어떻게 정할까? 과학자들은 15초 동안 분 바람의 방향을 평균 내서 풍향을 나타내. 바람의 방향을 측정하는 기구를 풍향계라고 하지.

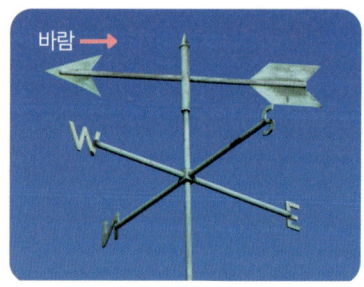 

뾰족한 부분이 향하는 곳에서 바람이 불어와.   윈드콘의 입구가 향하는 곳에서 바람이 불어와.

▲ **풍향계** 풍향계가 없을 때에는 연기나 깃발, 구름이 움직이는 방향을 보고 풍향을 짐작할 수 있어.

풍속 바람 풍(風), 빠를 속(速) : 바람의 빠르기

풍속의 단위는 빠르기의 단위인 m/s(미터 퍼 세컨드)를 사용해. 1m/s는 1초 동안 1m를 움직이는 빠르기를 말해.

풍속은 같은 장소라도 높이에 따라 달라져. 지표면에 가까울수록 울퉁불퉁한 지표면이 공기의 흐름을 더 많이 방해해서 풍속이 약해지거든. 그래서 과학자들은 지표면으로부터 10m 높이에서 측정한 바람의 빠르기를 풍속으로 정했어. 바람의 빠르기를 측정하는 기구를 풍속계라고 하지.

- 장하다의 오답을 피하는 방법
- 나선애의 야무진 실험실
- 왕수재의 아는 척 과학교실
- 허영심의 별 헤는 밤
- 곽두기의 빅뱅 따라잡기

바람이 빠르게 불수록 컵이 빠르게 돌아.

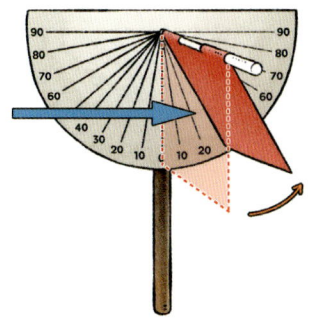

바람이 빠르게 불수록 판이 높이 들려.

▲ 풍속계

주변에서 풍향계와 풍속계를 찾아봐!

📕 COMMENTS

 영심이 머리카락이 날리는 방향을 보면 풍향을 알 수 있지.

 그래서 하다 형이 맨날 영심이 누나만 보고 있구나.

 알나리깔나리~

| 5교시 | 해륙풍 |

바닷가에 부는 바람의 비밀은?

우아! 풍력 발전기다!

풍력 발전기를 왜 바닷가에 세운 걸까?

교과연계

초 5-2 날씨와 우리 생활
중 3 기권과 날씨

얘들아,
사진에서 서로 다른 부분을
찾아보고 있으렴.
선생님은 화장실에
잠시 다녀올게. (^^);;;

아이들이 과학실에 들어섰을 때 칠판에는 두 장의 사진과 용선생의 메모가 남겨져 있었다.

"지난번에 바닷가에 놀러 갔을 때 찍은 사진이네."

"그러게. 우선 선생님이 시키신 대로 사진에서 다른 부분부터 빨리 찾아볼까? 일단 낮과 밤인 게 달라."

왕수재의 말에 허영심도 한마디 했다.

"우리 표정이랑 포즈도 다르고, 머리가 날리는 방향도 다르네."

"어라! 지금 보니 풍력 발전기 날개 방향도 달라."

 ## 바닷가에서 무슨 일이?

용선생이 교실로 들어오자 아이들은 사진에서 찾은 걸 말했다.

"오호. 잘 찾았는데?"

"그런데요, 선생님. 풍력 발전기 날개 부분이 원래 이렇게 막 돌아가는 거였어요?"

"하하. 풍력 발전기의 날개는 바람을 정면으로 맞을 때 가장 빠르게 움직이면서 전기를 최고로 많이 만들어. 그래서 바람이 불어오는 방향을 향하도록 날개 방향을 자동으로 조정한단다. 그러니까 날개 방향을 보면 낮과 밤에 바람이 부는 방향을 짐작할 수 있겠지?"

▲ 낮과 밤에 달라지는 풍력 발전기의 날개 방향

"네! 낮에는 바다에서 육지 쪽으로 바람이 불고, 밤에는 육지에서 바다 쪽으로 바람이 부네요."

"맞아. 바닷가에서 바람은 낮과 밤에 늘 반대 방향으로 분단다."

나선애가 눈을 동그랗게 뜨고 물었다.

"바람의 방향은 그때그때 다른 거 아니에요? 어떻게 낮과 밤에 바람의 방향이 늘 반대일 수 있죠?"

"선애가 아주 중요한 점을 지적했구나. 그게 다 바닷가라는 특별한 환경 때문이야. 바닷가는 육지와 바다가 맞닿은 곳이지? 육지와 바다는 반대되는 성질이 있어서 이렇게 낮과 밤에 반대로 바람이 분단다."

"어떤 성질이요?"

"실험으로 알아볼까?"

"좋아요."

용선생은 실험실 한쪽에 있는 실험 장치로 아이들을 데리고 갔다.

▲ 열 전구를 이용해 육지와 바다의 성질을 알아보는 실험 장치

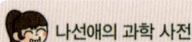 나선애의 과학 사전

열 전구 전구 중에서 특별히 열을 많이 내는 전구야. 빛보다는 열을 내기 위해 사용하지. 겨울에 난방을 위해 사용하기도 해.

"똑같은 그릇에 같은 양의 모래와 물을 담고 열 전구로 비춰 두었어. 처음 시작할 때 모래와 물의 온도는 같았고."

"잠깐만요. 육지와 바다의 성질을 이야기하다가 갑자기 왜 모래와 물로 실험을 해요?"

"하하, 잘 생각해 보면 열 전구와 모래, 물이 실제로 무엇을 의미하는지 알 수 있을 거야."

아이들은 바닷가 풍경을 상상해 보았다.

"아하! 일단 열 전구는 태양을 의미하는 것 같아요. 또 모래는 육지, 물은 바다를 뜻하는 거죠?"

"맞았어. 이제 시간이 충분히 지난 거 같으니 모래와 물의 온도가 어떻게 변했는지 확인해 볼까?"

아이들은 온도계 눈금을 확인했다.

"모래 온도가 더 높아요."

용선생은 "그렇지." 하며 열 전구의 불을 껐다.

"이제 열 전구를 껐으니 모래와 물이 차차 식을 거야. 이 경우에는 온도가 또 어떻게 변하는지 지켜볼까?"

얼마간의 시간이 흐른 뒤 곽두기가 말했다.

"선생님, 이번에는 모래 온도가 더 빨리 낮아져요."

"맞았어. 물과 모래를 똑같이 가열하면 모래의 온도가 더 빨리 올라가. 식힐 때에도 모래의 온도가 더 빨리 내려가고. 아까 모래가 육지를 의미한다고 했지? 육지는 같은 열을 받아도 바다보다 온도가 더 빨리 올라가고, 식을 때

▲ 가열했을 때

▲ 식혔을 때

에는 온도가 더 빨리 내려가는 성질이 있어."

"오호, 그렇군요."

바닷가는 바다와 육지가 맞닿은 곳이야. 같은 열을 받을 때 바다보다 육지 온도가 더 빨리 높아지고, 식을 때에도 육지 온도가 더 빨리 낮아져.

 **왜 낮과 밤에 바람이 반대로 불까?**

"이제 낮과 밤에 육지와 바다의 온도가 다르다는 걸 알았으니 바닷가에서 부는 바람의 원리를 알아보자."

"좋아요."

아이들이 자세를 고쳐 앉았다.

"먼저 낮부터 살펴보자. 낮 동안에 햇빛을 똑같이 받아도 육지가 바다보다 더 빨리 온도가 올라가. 지난번에 지표면 온도에 따라 기압이 달라진다고 했지? 낮에는 육지와 바다 중 어디가 고기압일까?"

"음……. 온도가 낮은 곳이 고기압이니까 바다가 고기압일 것 같아요."

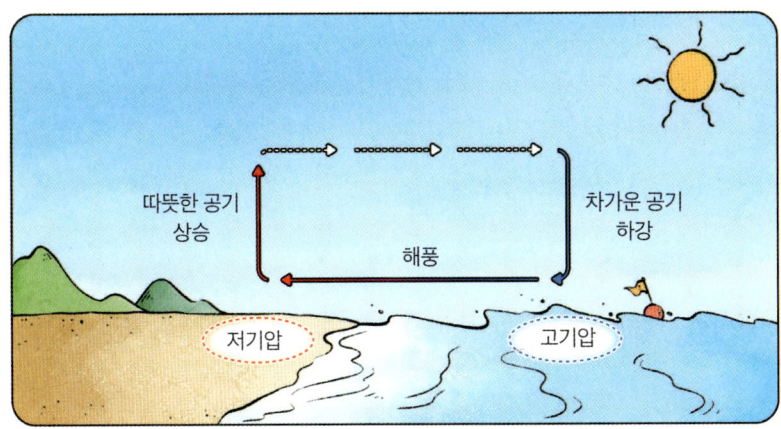

▲ **바닷가에서 낮에 부는 바람** 지표면 근처에서는 바다에서 육지 쪽으로 해풍이 불어.

"그렇지. 반대로 온도가 높은 육지는 저기압이지. 바람은 고기압에서 저기압으로 부니까 낮 동안에는 바다에서 육지로 바람이 불어. 이 바람을 해풍이라고 해."

"바다에서 불어오니까 '바다 해(海), 바람 풍(風)' 자를 써서 해풍이라고 이름을 붙인 거군요."

곽두기의 말에 용선생이 "맞아!" 하며 맞장구를 쳤다.

"이번에는 밤이야. 해가 지면 육지와 바다는 식기 시작해. 이때에는 육지 온도가 더 빨리 낮아지지. 밤에는 육지와 바다 중 어디가 고기압일까?"

"이번에는 육지가 고기압이에요."

"맞아. 그래서 밤에는 고기압인 육지에서 저기압인 바다로 바람이 불어. 이 바람은 '육지 육(陸), 바람 풍(風)' 자를

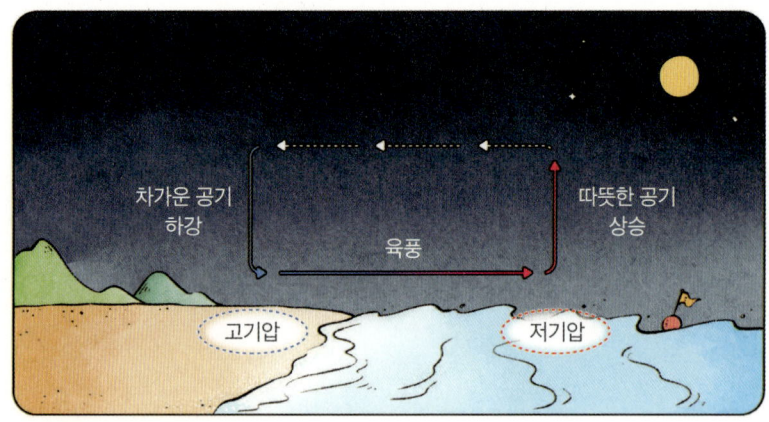

▲ **바닷가에서 밤에 부는 바람** 지표면 근처에서는 육지에서 바다 쪽으로 육풍이 불어.

사용해서 육풍이라고 부른단다."

"이번에도 바람이 불어오는 곳의 이름을 붙였네요."

"그렇지. 바람의 방향을 풍향이라고 하는데, 풍향은 항상 바람이 불어오는 쪽의 이름을 따. 남쪽에서 불어오는 바람을 남풍이라고 하는 것처럼 말이야. 바닷가에서는 하루 동안 정반대 방향으로 해풍과 육풍이 불어. 해풍과 육풍을 합쳐서 '해륙풍'이라고 한다는 것도 알아 두렴."

"앞글자를 딴 거니까 기억하기 쉽네요."

"하하, 그렇지? 바람의 방향은 대부분 그때그때 바뀌지만, 육지와 바다가 접해 있는 바닷가는 낮과 밤에 부는 바람의 방향이 이렇게 딱 정해져 있어. 그래서 풍력 발전기를 설치하기에 아주 좋은 장소란다."

▲ 우리나라 제주도의 바닷가에도 풍력 발전기가 설치되어 있어.

핵심정리

육지는 바다에 비해 빨리 뜨거워지고 빨리 식기 때문에 낮에는 바다에 고기압이, 밤에는 육지에 고기압이 생겨. 그래서 바닷가에서는 낮에 해풍이, 밤에 육풍이 불어.

 계절에 따라서는 어떤 바람이 불까?

"그런데 말이다, 해륙풍처럼 육지와 바다의 온도 차이로 생기는 바람이 또 있어."

"뭔데요?"

"바로 '계절풍'이라는 바람이야."

"계절풍? 계절에 따라 부는 바람이라는 뜻인가요?"

"오호, 잘 맞혔는데? 해륙풍은 육지와 바다 사이에서 일

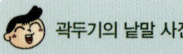

곽두기의 낱말 사전

해양 바다 해(海) 큰 바다 양(洋). 넓고 큰 바다를 말해. 태평양, 대서양, 인도양 등을 통틀어 부르는 말이야.

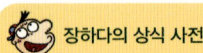

장하다의 상식 사전

유라시아 유럽과 아시아를 하나로 묶어 부르는 말이야.

▲ **우리나라 위치** 우리나라는 대륙과 해양이 맞닿은 곳에 있어.

어나지만, 계절풍은 대륙과 해양 사이에서 불어. 그리고 해류풍은 하루 단위로 방향이 바뀌지만, 계절풍은 1년 단위로 방향이 바뀌지."

"우리나라에도 계절풍이 불어요?"

"물론이야. 먼저 우리나라의 위치부터 살펴볼까? 우리나라는 유라시아 대륙과 북태평양이 맞닿은 곳에 있어."

"지도를 보니 엄청 넓다는 것 빼고는 해류풍이 부는 곳이랑 비슷해 보여요. 바다도 있고, 육지도 있잖아요!"

"맞아. 해류풍이 부는 바닷가에서 육지와 바다가 뜨거워지고 차가워지는 정도가 달랐듯이, 대륙과 해양도 뜨거워지고 차가워지는 정도가 달라. 하지만 하루 동안에 온도가 급격히 변하는 것은 아니고 여름과 겨울처럼 더 오랜 기간에 걸쳐 온도가 변한단다."

"대륙이나 해양은 엄청 크니까 그만큼 시간도 오래 걸리는군요."

"그렇지. 일단 여름에는 대륙이 해양보다 빨리 가열돼. 낮에 육지가 바다보다 빨리 가열되는 것과 같지? 그러면 어디에 고기압이 생길까?"

"해양에 고기압이 생기겠네요."

"그래. 여름에는 고기압인 해양에서 저기압인 대륙 쪽으

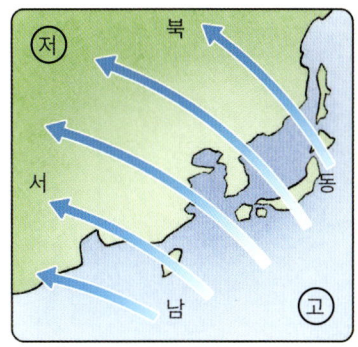
▲ 여름에 부는 계절풍

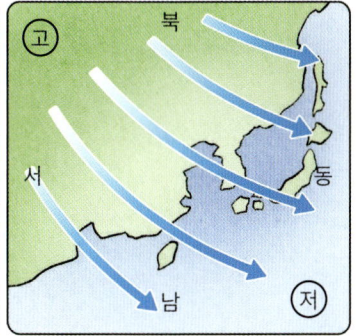
▲ 겨울에 부는 계절풍

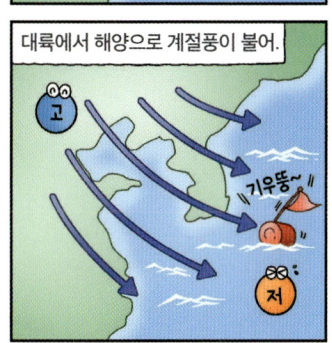

로 바람이 분단다."

"오호! 그럼 겨울에는 반대로 대륙에서 해양으로 바람이 불겠죠? 대륙이 더 빨리 차가워질 테니까요!"

"맞아. 겨울에는 고기압인 대륙에서 바람이 불어와. 이렇게 1년 동안 여름과 겨울에 부는 바람의 방향은 반대로 바뀌어. 이 바람을 통틀어 계절풍이라고 하지."

"해류풍이랑 원리가 같아서 그리 어렵지는 않네요."

"하하. 그렇다면 다행이고. 오늘 수업은 여기까지야. 칠판에 붙여 놓은 사진은 사람 수 만큼 뽑아 왔으니 한 장씩 가져가도록!"

 **핵심정리**

계절풍이 부는 원리는 해류풍이 부는 원리와 같아. 여름에는 해양에서 대륙으로 계절풍이 불고, 겨울에는 대륙에서 해양으로 계절풍이 불어.

나선애의 정리노트

1. 바닷가의 온도 변화
① 낮에는 육지가 바다보다 빨리 온도가 높아짐.
② 밤에는 육지가 바다보다 빨리 온도가 낮아짐.

2. 해륙풍
① 바닷가에서 ⓐ〔   〕 동안 방향이 반대로 바뀌면서 부는 바람
② 낮과 밤에 부는 바람의 방향
  · 낮: 육지에 저기압, 바다에 고기압이 생김. → 바다에서 육지 쪽으로 ⓑ〔   〕이 붊.
  · 밤: 육지에 고기압, 바다에 저기압이 생김. → 육지에서 바다 쪽으로 ⓒ〔   〕이 붊.

3. 계절풍
① 대륙과 해양 사이에서 ⓓ〔   〕 동안 방향이 반대로 바뀌면서 부는 바람
② 여름과 겨울에 부는 바람의 방향
  · 여름: 대륙에 저기압, 해양에 고기압이 생김. → 해양에서 대륙 쪽으로 계절풍이 붊.
  · 겨울: 대륙에 고기압, 해양에 저기압이 생김. → 대륙에서 해양 쪽으로 계절풍이 붊.

ⓐ 하루 ⓑ 해풍 ⓒ 육풍 ⓓ 1년

 **과학퀴즈** 달인을 찾아라!

●정답은 111쪽에

01

친구들이 이번 시간에 배운 내용에 대해 이야기하고 있어. 옳으면 O, 옳지 않으면 X를 표시해 줘.

① 낮에는 바다와 육지 사이에 바람이 불지 않아. (　　)
② 바닷가에서 낮에는 육지에 고기압이 생겨. (　　)
③ 겨울에는 대륙보다 해양의 온도가 더 높아. (　　)

02

오늘 급식 메뉴로 아주 특별한 음식이 나온대. 아래의 암호를 풀면 어떤 메뉴인지 미리 알 수 있어. 친구들이 암호를 풀수 있게 도와줘.

□에 들어갈 글자를 순서대로 연결하시오.
[힌트1] 여름에는 해□에 고기압이 생겨.
[힌트2] 밤에는 육지에 □기압이 생겨.
[힌트3] 바람은 고기압에서 저□압으로 불어.

👍 알았다! 오늘 메뉴는 □□□ 야!

6교시 | 대기 대순환

중국의 미세 먼지는 왜 우리나라로 날아올까?

하늘이 온통 뿌옇네.

미세 먼지 때문이잖아.

교과연계

초 5-2 날씨와 우리 생활
중 3 기권과 날씨

마스크를 쓴 아이들이 하나둘씩 과학실로 들어오자 용선생이 말했다.

"오늘 미세 먼지가 무척 심하지?"

그러자 장하다가 마스크를 휙 벗으며 말했다.

"어휴, 답답해서 혼났네요. 오늘 미세 먼지가 심하다고 엄마가 씌워 줬어요."

나선애도 마스크를 벗으며 말했다.

"선생님, 뉴스에 '중국발 미세 먼지'라는 얘기가 자주 나오던데 중국에서 오는 미세 먼지라는 뜻이죠?"

"맞아."

"근데 중국에서 생긴 미세 먼지가 왜 우리나라로 오는 거예요?"

장하다가 인상을 잔뜩 찌푸리고 물었다.

지구에서 가장 커다란 바람은?

"그건 이 그림을 보면 알 수 있을 거야."
용선생은 화면에 그림을 한 장 띄웠다.

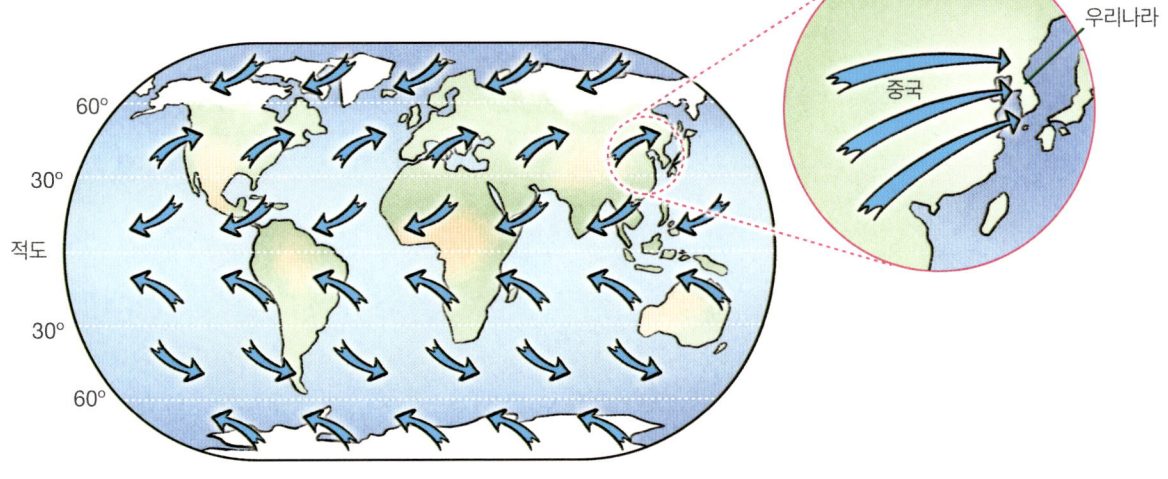

▲ 지표면 근처에서 부는 바람

"그림의 화살표는 지표면 근처에서 항상 부는 바람을 나타낸 거야."

"어! 중국 쪽에서 우리나라로 바람이 부네요. 중국에서 오는 바람에 미세 먼지도 실려 오는 거예요?"

"맞아!"

"음…… 근데요. 정말로 바람이 늘 이렇게 불어요? 방향도 안 바뀌고요?"

"사실 바람은 어디에나 불고 있어. 골목길에 부는 작은 바람부터 지난번에 알아본 해륙풍과 계절풍 같은 바람도 있지. 바람의 종류는 달라도 바람이 부는 기본 원리는 모두 같아. 하지만 바람마다 지속 시간이나 이동 거리는 모두 다르단다."

>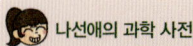
> 나선애의 과학 사전
> **지속** 버틸 지(持) 이을 속(續). 어떤 상태가 계속 이어지는 걸 말해.

"어떻게 다른데요?"

"골목길에 부는 바람은 순간순간 방향이 바뀌고, 해륙풍은 하루 단위로, 계절풍은 1년 단위로 방향이 바뀌어. 그중 가장 오래 지속되고 이동 거리도 제일 긴 바람은 '대기 대순환'에 의한 바람이야."

> 나선애의 과학 사전
> **대기** 클 대(大) 공기 기(氣). 지구 표면을 둘러싸고 있는 공기를 통틀어 이르는 말이야.

"대기 대순환이요?"

"응. 먼저 대기 대순환이 어떤 모양인지 살펴볼까?"

"어라? 지도 위에 있는 화살표는 선생님이 조금 전에 보여 주신 그림과 비슷해요."

"응. 앞에서 보여 준 지도에 표시된 것은 바로 대기 대순환 중 지표면 근처에서 부는 바람만 표시한 거야. 대기 대순환은 지구 전체에 걸쳐 지표면 근처와 대기 높은 곳에서 부는 바람, 그리고 위아래

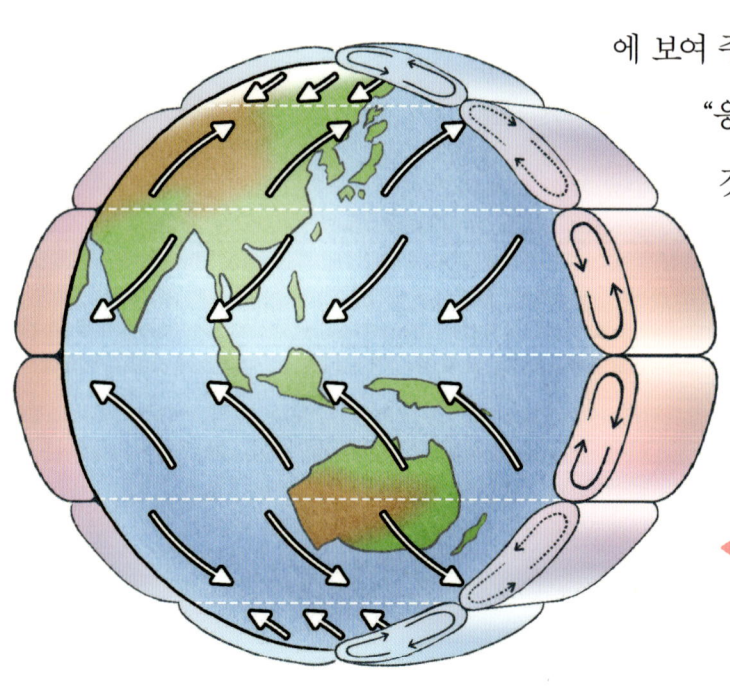

◀ **대기 대순환** 지구 전체에 걸쳐 이런 모양으로 공기가 흐르고 있어.

로 움직이는 공기까지 연결된 커다란 공기 흐름을 말해."

"대기 대순환에서 뭔가 동글동글한 모양이 계속되고 있네요."

"그렇지. 공기가 동글동글한 모양을 이루며 전 지구를 돌고 있어서 대순환이라고 한단다. 대기 대순환은 북반구와 남반구에 각각 세 개의 순환을 이루고 있어."

"그러면 지구 전체에는 순환이 총 6개겠네요?"

"맞았어."

"우아. 공기가 이렇게 연결되어 흐르고 있는지는 처음 알았어요."

그때 나선애가 손을 들고 물었다.

"그런데 이런 순환들은 어떻게 생겨났어요?"

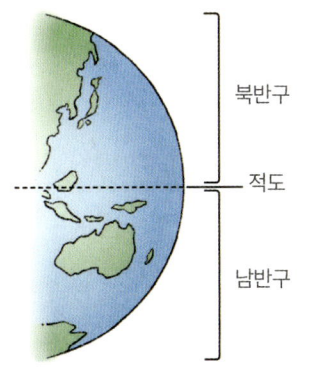
▲ **북반구와 남반구** 적도를 기준으로 지구를 남과 북으로 나누었을 때 북쪽 부분을 북반구, 남쪽 부분을 남반구라고 해. 우리나라는 북반구에 속해.

핵심정리

대기 대순환은 지구 전체에 걸쳐 연결된 커다란 공기 흐름이야. 북반구와 남반구에 각각 순환 세 개로 나타나지.

대기 대순환이 생기는 까닭

"좋았어. 각 순환이 생기는 까닭을 알아볼까? 북반구와 남반구의 순환은 적도를 기준으로 서로 대칭이니까 한쪽을 알면 다른 쪽도 쉽게 알 수 있어. 오늘은 우리나라가 속하는 북반구를 중심으로 알아보자."

아이들이 고개를 끄덕였다.

"대기 대순환은 적도에서부터 시작돼. 적도는 지구상에서 태양열을 가장 많이 받는 지역이야. 태양열에 지표면이 달구어지면 어떤 일이 생길까?"

"그야 공기가 뜨거워져서 위로 떠오르겠죠."

"맞아. 적도 지방은 공기가 상승해서 지표면이 저기압이 돼. 그러면 주위에서 공기가 몰려들어. 또 적도에서 상승한 공기는 일정한 높이에 다다르면 더 이상 상승하지 못하고 주위로 퍼져 나가. 이런 식으로 공기가 흐르면서 하나의 커다란 순환이 만들어진단다. 이 순환은 적도부터 북위 30° 부근에 걸쳐 일어나."

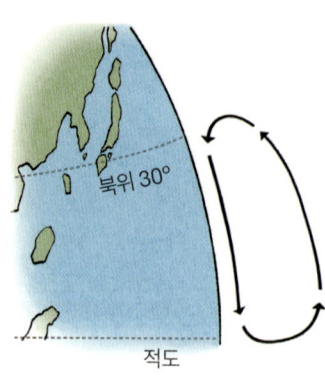
▲ 적도와 북위 30° 사이의 순환

곽두기의 낱말 사전

대칭 기준이 되는 점이나 선, 면을 사이에 두고 양쪽의 모양이 같은 걸 말해.

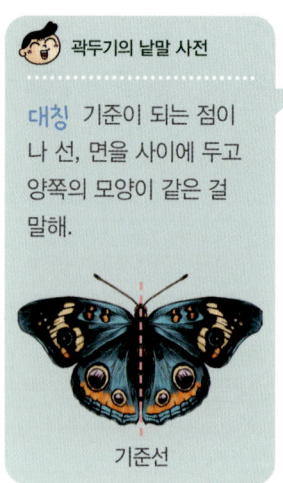
기준선

장하다의 상식 사전

북위 지구상의 위치를 나타내기 위해 적도와 나란하게 그은 선을 위도라고 하는데, 북위는 북반구의 위도를 말해. 남반구의 위도는 남위라고 하지. 북극은 북위 90°, 남극은 남위 90°에 있어. 우리나라의 서울은 대략 북위 37°에 위치해.

그때 왕수재가 고개를 갸우뚱하며 물었다.

"근데 공기가 북위 30°보다 더 북쪽으로는 못 가나요?"

"좋은 질문이야. 실제로 '해들리'라는 과학자가 수재와 같은 생각을 했어. 하지만 적도에서 상승한 공기는 북쪽으로 이동하는 동안 태양열을 점점 적게 받아서 식어. 그럼 온도가 낮아진 공기가 지표면으로 내려오는데 그곳의 위도가 30° 부근이지. 이렇게 적도에서 시작되는 순환을 '해들리 순환'이라고 해."

"그럼 해들리 순환보다 북쪽에 있는 순환들은 왜 생기는 거예요?"

"하하, 다른 순환에 대해서도 알아볼까? 먼저 '극 순환'은 북위 60°와 북극 사이에서 일어나는 순환이야. 이름이

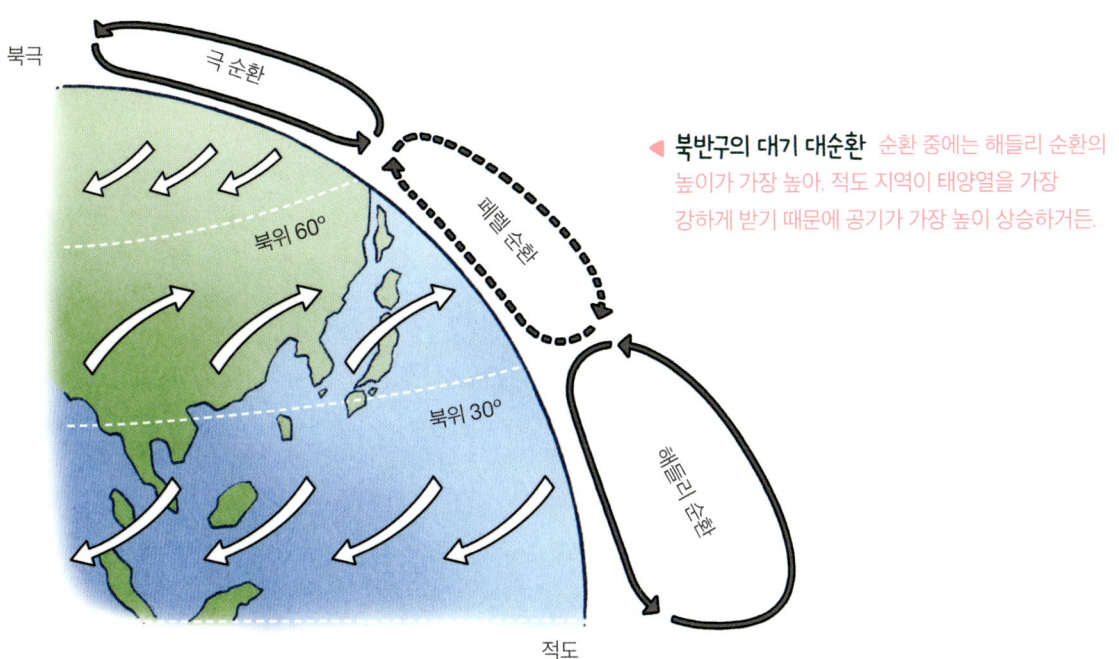

◀ **북반구의 대기 대순환** 순환 중에는 해들리 순환의 높이가 가장 높아. 적도 지역이 태양열을 가장 강하게 받기 때문에 공기가 가장 높이 상승하거든.

극 순환인 이유는 쉽게 알겠지?"

"극지방에 생기는 순환이라는 뜻이겠죠?"

"맞아. 극 순환은 해들리 순환과는 반대로 극지방의 낮은 온도 때문에 생겨. 극지방에서 냉각된 공기는 가열된 공기와는 반대로 하강하는 성질이 있어. 이때 하강한 공기는 주위로 퍼지고, 위에서는 주변 공기가 몰려 들어와. 그에 따라 순환이 생기지."

"오호, 그렇군요. 중간에 있는 순환은요?"

"중간에 있는 '페렐 순환'은 가열이나 냉각 때문이 아니라 남쪽의 해들리 순환과 북쪽의 극 순환 때문에 생겨. 북위 30° 부근에서 하강하는 공기와 북위 60° 부근에서 상승하는 공기가 자연스럽게 이어지면서 생긴 순환이야. 이

> **곽두기의 낱말 사전**
>
> **냉각** 찰 랭(冷) 돌아갈 각(却). 식어서 차게 된다는 뜻이야.

▲ 페렐 순환의 생성

걸 처음 발견한 과학자 페렐이 자신의 이름을 따서 페렐 순환이라고 이름 붙였지."

"아하! 이런 식으로 북반구에 순환이 세 개 생겼군요."

"이제 알겠지? 한 가지 주의할 점은 순환 세 개가 서로 떨어져 있지 않다는 거야. 각 순환을 이루는 공기들은 지표면 근처나 대기 높은 곳에서 연결되어서 지구 전체를 돌고 돈단다."

"그래서 대기 대순환이라고 부르는 거예요?"

"맞아. 잘 이해했구나."

핵심정리

해들리 순환은 적도 지방의 가열 때문에, 극 순환은 극지방의 냉각 때문에 생겨. 페렐 순환은 해들리 순환과 극 순환의 공기 흐름이 연결되면서 생기지.

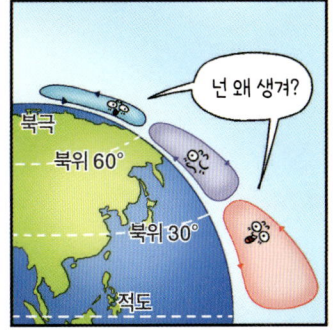
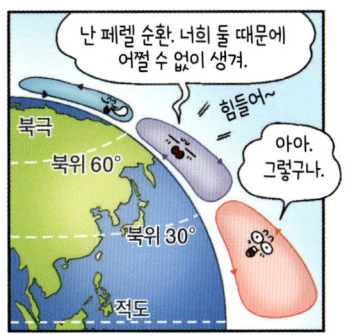

 ## 1년 내내 부는 바람은?

"이제 대기 대순환 중 지표면 근처에서 부는 바람의 방향을 알아보자. 해들리 순환에서는 지표면 근처에서 어떤

방향으로 바람이 불고 있지?"

"북위 30°에서 적도 쪽으로 바람이 불어요."

"그렇지. 페렐 순환에서는 북위 30°에서 60° 쪽으로 바람이 불고, 극 순환에서는 북극에서 북위 60° 쪽으로 바람이 분단다."

용선생은 잠시 멈추었다가 설명을 이었다.

"좀 더 정확히 표현하면 적도와 북위 30° 사이에는 북동풍이 부는데, 이 바람을 무역풍이라고 불러."

"그러면 나머지 바람들은요?"

"북위 30°와 60° 사이에는 남서풍이 불어. 이 바람을 편서풍이라고 부르지. 또 북위 60°와 북극 사이에는 북동풍이 부는데, 이는 극동풍이라고 부른단다. 우리나라는 편서풍이 부는 지역에 있어."

"그렇군요. 대기 대순환의 바람 방향은 언제나 이렇게 불어요? 변하지는 않나요?"

"그건 대기 대순환이 왜 일어나는지를 생각해 보면 알 수 있지. 적도 쪽은 온도가 높고, 극지방은 온도가 낮다는 사실이 변하지 않는 한 대기 대순환의 방향은 바뀌지 않을 거야."

아이들이 고개를 끄덕였다.

용선생의 과학 현미경

무역풍이라는 이름은 1600년대 이후에 유럽의 돛단배들이 무역할 때 주로 이용한 바람이라는 뜻에서 유래했어. 유럽에서 아메리카 대륙으로 갈 때 무척 유용했지.

나선애의 과학 사전

편서풍 치우칠 편(偏) 서쪽 서(西) 바람 풍(風). 서쪽에서 동쪽으로 1년 내내 부는 바람이야.

극동풍 극지방에서 부는 동풍이라는 뜻이야.

◀ 대기 대순환의 지표면 근처 바람

"이제 중국에서 미세 먼지가 날아오는 까닭을 알겠지?"

"네. 바로 편서풍 때문이었어요. 편서풍의 풍향이 바뀔 리는 없으니까 중국에서 미세 먼지가 생기면 우리나라로 오겠네요."

▲ **편서풍** 중국에서 우리나라 쪽으로 바람이 불어.

"그래. 미세 먼지가 많은 날에는 마스크를 꼭 착용하고, 외출 후에 손과 얼굴을 깨끗이 씻는 것이 중요해. 모두 잘할 수 있지?"

아이들은 "네!" 하고 크게 대답했다.

"그러고 보니 오늘 손을 한 번도 안 씻었네요. 선생님, 손 좀 씻고 올게요."

허영심이 몸을 일으키자 다들 "저도요, 저도." 하며 화장실로 우르르 몰려갔다.

"하여간 녀석들, 기회만 있으면 수업에서 빠져나가려 한다니까."

용선생이 고개를 절레절레 저었다.

핵심정리

대기 대순환에 의해 지표면 근처에서는 1년 내내 바람의 방향이 일정한 무역풍, 편서풍, 극동풍이 불어.

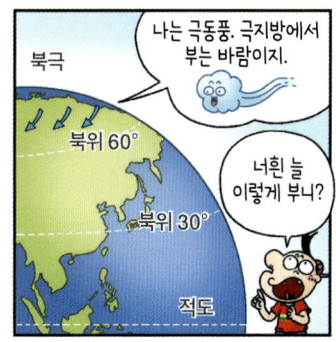

나선애의 정리노트

1. 대기 대순환
① 지구 전체에 걸쳐 연결된 커다란 공기 흐름
② 북반구와 남반구에 대칭으로 순환이 ⓐ ☐ 개씩 있음.
③ 위도별 순환(북반구)

위도	순환	지표면 바람	
		풍향	이름
적도~30°	ⓑ	북동풍 ↙	무역풍
30°~60°	페렐 순환	남서풍 ↗	ⓒ
60°~북극	극 순환	ⓓ ↙	극동풍

ⓐ 3 ⓑ 해들리 순환 ⓒ 편서풍 ⓓ 북동풍

과학퀴즈 🧪 달인을 찾아라!

●정답은 111쪽에

01

친구들이 이번 시간에 배운 내용에 대해 이야기하고 있어. 옳으면 O, 옳지 않으면 X를 표시해 줘.

① 페렐 순환은 적도 지역이 가열되기 때문에 생겨. (   )

② 대기 대순환의 각 순환들은 서로 떨어져 있어. (   )

③ 중국에서 우리나라로 미세 먼지가 날아오는 까닭은 편서풍 때문이야. (   )

02

왕수재가 미로를 통과하려고 해. 적도에서 북위 30° 사이에서 일어나는 순환과 관련된 단어를 따라가면 출구를 찾을 수 있대. 왕수재에게 올바른 길을 알려 줘.

| 용선생의 과학 카페 | 용선생의 한국사 카페 | 용선생의 세계사 카페 |

https://cafe.naver.com/yongyong

용선생의 과학 카페

과학계의 핵인싸,
용선생의 과학 카페에
오신 걸 환영합니다.

[Log in]

오늘은 어떤 재미난 지식을 올려 볼까?

MENU

물리면 아프다
화학이 화하하
생물 오징어
지구는 둥글다

이게 다 대기 대순환 때문이야.

대기 대순환 때문에 사막이 생겨.

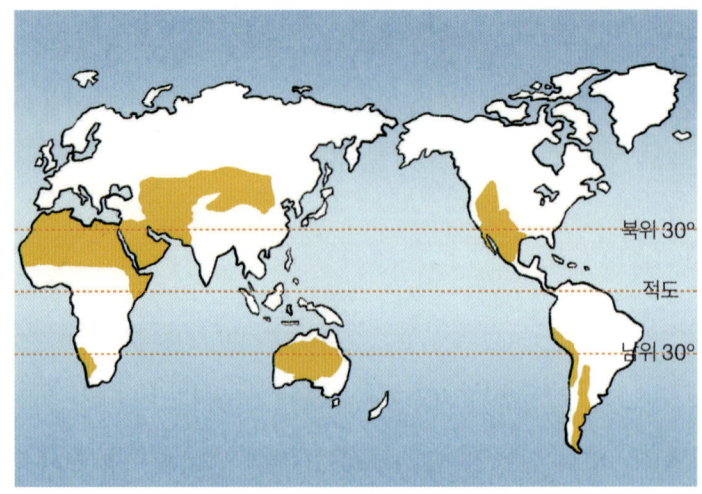

▲ 전 세계 사막의 분포

지도에서 노란색으로 표시된 곳은 사막이야. 남반구, 북반구 모두 위도 30° 부근에 사막이 나타나지. 대기 대순환에 의해 위도 30°에서는 공기가 하강하면서 고기압이 형성돼. 고기압 지역은 날씨가 맑고 비가 적게 내려서 드넓은 사막이 만들어지지.

한편 적도 지역은 공기가 상승하는 저기압 지역이야. 여기는 비가 많이 내리고 정글이 생기지.

◀ 위도별 기압

대기 대순환 때문에 바닷물이 움직여.

대기 대순환은 일 년 내내 일정한 방향으로 부니까 그 아래 바닷물도 같은 방향으로 밀리면서 일정한 방향으로 흘러. 이렇게 전 지구에 걸쳐 바닷물이 일정하게 흐르는 것을 '해류'라고 해.
대기 대순환과 해류는 지구 전체를 돌면서 태양에서 받은 열을 골고루 나누어 주는 역할을 해.

- 장하다의 오답을 피하는 방법
- 나선애의 야무진 실험실
- 왕수재의 아는 척 과학교실
- 허영심의 별 헤는 밤
- 곽두기의 빅뱅 따라잡기

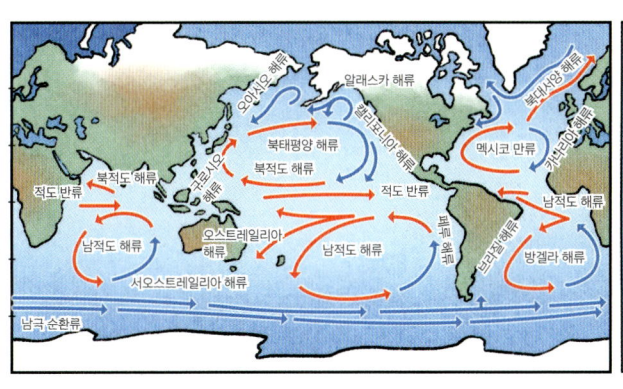
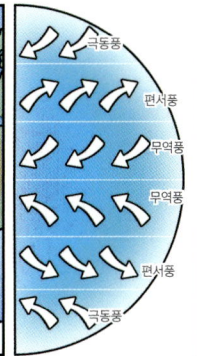

▲ 대기 대순환과 바닷물의 움직임

(대기 대순환이 하는 일이 많네!)

COMMENTS

대기 대순환 때문에 사막과 정글이 생기다니!
└ 사막엔 낙타.
└ 정글엔 원숭이.
└ 과학반엔 나 왕수재!
└ 으이그!!!

가로세로 퀴즈

기압과 바람에 관한 가로세로 퀴즈야. 빈칸을 채워 봐.
띄어쓰기는 무시해도 돼.

가로 열쇠	① 주위보다 높은 기압 ② 대기 대순환에서 적도와 위도 30° 사이에 있는 순환 ③ 수은 기둥을 이용해 기압을 재는 장치 ④ 바람을 이용해 전기를 만드는 장치 ⑤ 바람의 방향 ⑥ 수은과 같은 액체를 사용하지 않는 기압계. ○○○○○ 기압계
세로 열쇠	❶ 수은 기압계를 발명한 과학자 ❷ 대기 대순환에서 위도 30°에서 위도 60° 사이에 있는 순환 ❸ 주위보다 낮은 기압 ❹ 해풍과 육풍을 합쳐서 부르는 말 ❺ 지구 전체에 걸쳐 연결된 커다란 공기 흐름 ❻ 대륙과 해양 사이에서 계절에 따라 방향이 바뀌면서 부는 바람 ❼ 기압을 재는 장치 ❽ 대기 대순환에 의해 위도 30°에서 위도 60° 사이에 지표면 근처에서 부는 바람 ❾ 귀에서 고막 안쪽 부분

●정답은 111쪽에

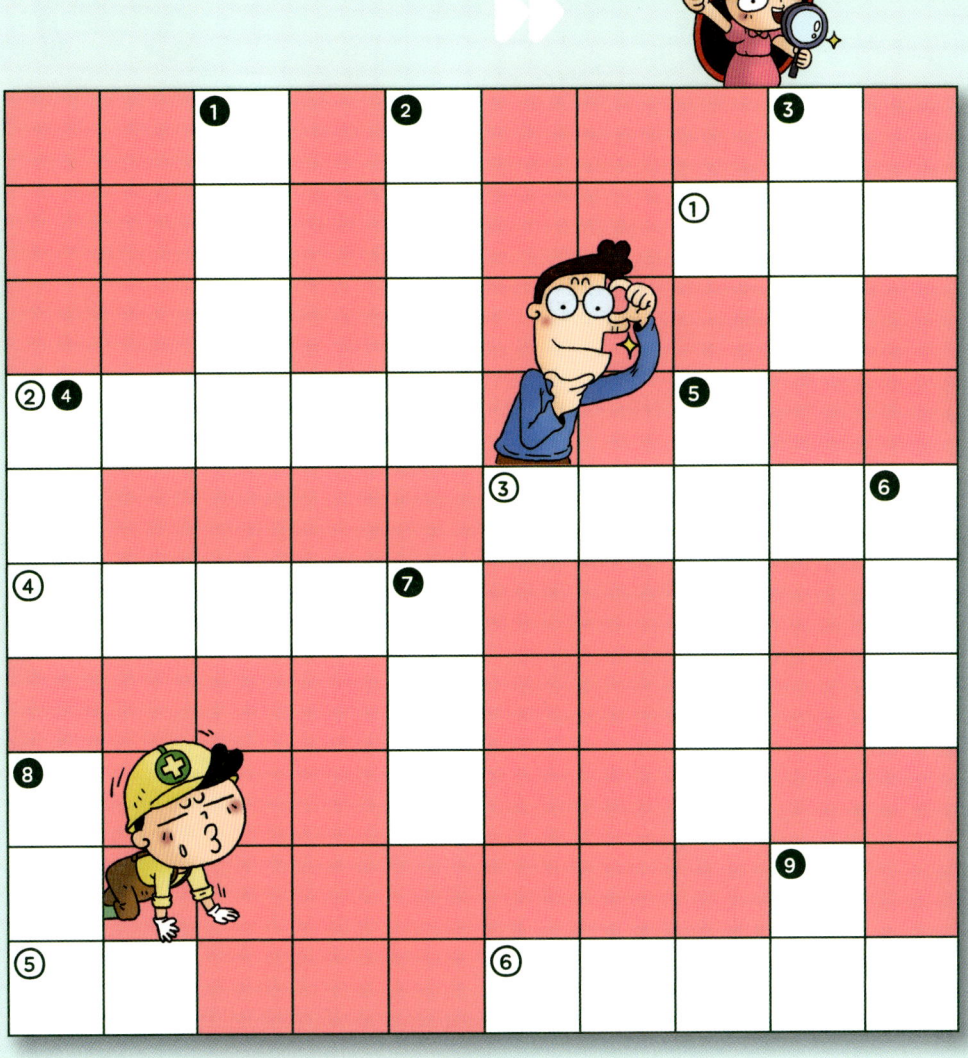

교과서 속으로

교과서에서는 어떻게 배울까?

초등 5학년 2학기 과학 | 날씨와 우리 생활

고기압과 저기압은 무엇일까?

- **기압**
  - 공기의 무게 때문에 생기는 누르는 힘을 말한다.
  - 같은 부피일 때 차가운 공기가 따뜻한 공기보다 더 무겁다.

- **고기압과 저기압**
  - 상대적으로 공기가 무거운 것을 고기압이라고 하고, 상대적으로 공기가 가벼운 것을 저기압이라고 한다.
  - 바람은 어느 두 지점 사이의 기압 차로 인해 분다.
  - 바람은 고기압에서 저기압으로 분다.

 나는 기압을 재는 원리도 알고 있지.

초등 5학년 2학기 과학 | 날씨와 우리 생활

지면과 수면의 온도는 하루 동안 어떻게 변할까?

- **전등을 켰을 때와 껐을 때 같은 양의 모래와 물의 온도 변화**
  - 전등을 켰을 때: 모래는 빨리 데워지고, 물은 천천히 데워진다.
  - 전등을 껐을 때: 모래는 빨리 식고, 물은 천천히 식는다.

- **지면과 수면의 하루 동안 온도 변화**
  - 낮: 지면의 온도가 수면의 온도보다 높다.
  - 밤: 지면의 온도가 수면의 온도보다 낮다.

 실험에서 모래는 육지, 물은 바다, 전등은 태양을 나타내는 거라고.

| 초등 5학년 2학기 과학 | 날씨와 우리 생활 |

바람은 바닷가에서 낮과 밤에 어떻게 불까?

- **바닷가에서 낮과 밤에 부는 바람의 방향**
  - 낮: 바다에서 육지로 분다.
  - 밤: 육지에서 바다로 분다.

- **바람이 바닷가에서 낮과 밤에 다른 방향으로 부는 까닭**
  - 낮: 육지가 바다보다 온도가 높아서 바다 위가 고기압이다.
  - 밤: 바다가 육지보다 온도가 높아서 육지 위가 고기압이다.

 똑같은 이유로 대륙과 해양 사이에도 계절풍이 불지.

| 중 3학년 과학 | 기권과 날씨 |

기압의 변화

- **지표면에서의 기압**
  - 1기압 = 76 cmHg = 1013 hPa

- **높이에 따른 기압의 변화**
  - 지표면에서 높이 올라갈수록 공기의 양이 감소하여 기압이 낮아진다.
    - ↳ 지표면에서보다 수은 기둥의 높이가 낮아진다.
    - ↳ 지표면에서보다 풍선이 크게 부푼다.

 다 배운 내용이네! 원리만 제대로 알면 중학교 과학도 문제없겠어.

찾아보기

가열 69, 81, 86, 98-99
계절풍 85-87, 94
고기압 66-71, 82-87, 104
고막 48-50
귀인두관 48-50
극 순환 97-100
극동풍 100, 105
기압 13, 15-16, 18-23, 28-29, 31-37, 40-41, 44-47, 49-53, 56-57, 65-71, 82-83, 86-87, 96, 104
기압계 29, 31, 33-37
남반구 95-96, 104
남위 96, 104-105
냉각 98-99
단위 넓이 15
대기 94-97, 99-100, 104-105
대기 대순환 94-97, 99-100, 104-105
대륙 86-87
대칭 96
무게 14-21, 31, 45, 65-66
무역풍 100, 105
미세 먼지 92-93, 101
바다 79-86
바람 60-71, 74-75, 79-80, 82-85, 87, 93-94, 99-101
부피 65-67
북반구 95-97, 99, 104
북위 96-98, 100, 104-105
빨대 12, 20-23

사막 104
상승 65, 67, 96-98, 104
상온 32
수은 기압계 29, 31, 33-36
수평 17, 64
순환 94-100, 104-105
아네로이드 기압계 35-37
압력 13-16, 18, 31
에베레스트산 47
여압 장치 56-57
열 전구 80-81
온도 32, 64-66, 68-70, 80-83, 85-86, 97-98, 100
육지 79-86
육풍 84
저기압 66-70, 83, 86, 96, 104
적도 93, 95-97, 100, 104
접촉면 14-15
중력 14, 46-47
중이 48-50
지표면 18-19, 33, 45-47, 49, 51-52, 56-57, 68-70, 75, 83-84, 93-94, 96-97, 99-100
진공 23, 35-37, 40-41
진공청소기 23
토리첼리 29-33, 40-41
펌프 28-29, 35-36, 40-41
페렐 순환 97-100
편서풍 100-101, 105
풍력 발전기 78-79, 84-85

풍속 75
풍속계 75
풍향 74, 84, 101
풍향계 74
하강 65, 67, 83, 84, 98, 104
해류 105
해륙풍 84-87, 94
해양 86-87
해풍 83-84
해들리 순환 97-99

110

퀴즈 정답

1교시

01 ① X ② O ③ O

02
> 보기
> 기압은 (공기)가 (물체)를 누르는 힘이야. 기압은 공기의 (무게) 때문에 생기지. 공기는 이리저리 움직이기 때문에 (사방)으로 작용해.

어	제	집	에	가	서	물	냉	면	을
먹	었	어	학	교	에	서	체	육	을
했	더	니	무	척	맛	있	었	어	반
찬	으	로	꽃	게	찜	도	먹	었	어
공	부	를	하	려	다	가	아	빠	를
기	다	리	기	로	했	어	사	과	를
동	생	이	랑	먹	었	는	데	방	귀
가	나	오	려	고	해	서	참	았	어

2교시

01 ① O ② X ③ X

02

출발 → 기압이 높으면 → 진공 금속통이 찌그러져. → 수은 기둥이 높아져. → 기상청

3교시

01 ① O ② X ③ X

02

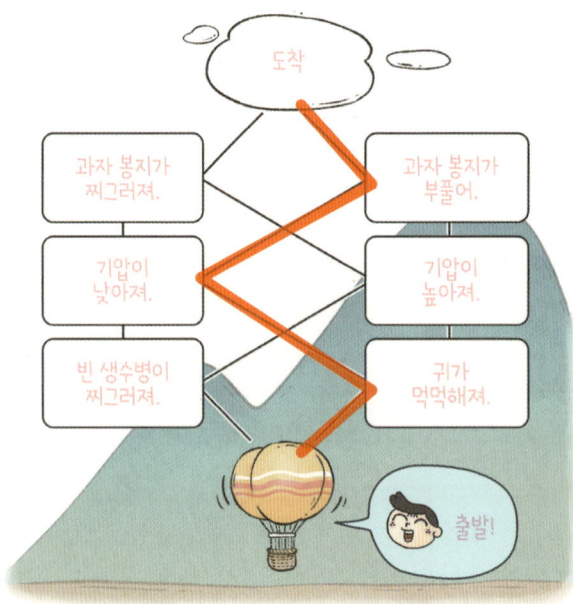

4교시

01 ① O ② O ③ X

02

5교시

01 ① ✕ ② ✕ ③ ○

02

> ☐에 들어갈 글자를 순서대로 연결하시오.
> [힌트1] 여름에는 해**양**에 고기압이 생겨.
> [힌트2] 밤에는 육지에 **고**기압이 생겨.
> [힌트3] 바람은 고기압에서 저**기**압으로 불어.

👍 알았다! 오늘 메뉴는 양 고 기 야!

6교시

01 ① ✕ ② ✕ ③ ○

02

가로세로 퀴즈

		❶토		❷페			❸저	
		리		렐		①고	기	압
		첼		순			입	
②❹해	들	리	순	환		❺대		
륙					③수	은	기	압	❻계
④풍	력	발	전	❼기		대		절
				압		순		풍
❽편				계		환		
서							⑨중	
⑤풍	향			⑥아	네	로	이	드

일러두기

- 맞춤법과 띄어쓰기는 국립국어원에서 펴낸 《표준국어대사전》을 따랐습니다.
- 과학 용어 표기는 《2015 개정 교육과정에 따른 교과용도서 개발을 위한 편수자료Ⅲ 기초과학, 정보 편》을 따랐습니다.
- 이 책에 실린 사진은 저작권자로부터 사용 허가를 받았습니다. 저작권자와 접촉하기 위해 최선을 다했으나 불가피한 사정으로 사용 허가를 받지 못한 일부 사진에 대해서는 저작권자와 연락이 닿는 대로 게재 허락을 받고 사용료를 지불하겠습니다.
- 이 책에 실린 그림의 저작권은 별도의 표기가 없는 한 사회평론에 있습니다.

사진 제공

17쪽: 북앤포토 | 29쪽: 구룡과학, 퍼블릭도메인 | 34쪽: GOKLuLe(wikimedia commons_CC3.0) | 47쪽: Rapt.Tv(Alamy Stock Photo) | 51쪽: Martin Shields(Alamy Stock Photo) | 52쪽: 퍼블릭도메인 | 80쪽: 북앤포토 | 그 외: 셔터스톡

용선생의 시끌벅적 과학교실 | 기압과 바람

1판 1쇄 발행	2020년 8월 3일
1판 6쇄 발행	2024년 12월 16일
글	김형진, 이명화, 설정민
그림	조현상(매드푸딩스튜디오), 뭉선생, 윤효식
감수	맹승호
캐릭터	이우일
어린이사업본부	이승필
책임편집	이건혁
편집	정세민, 이명화, 홍지예, 김미화, 최예리, 윤성진
마케팅	윤영채, 정하연, 안은지, 박찬수
경영지원본부	나연희, 주광근, 오민정, 정민희, 김수아, 김승현
아트디렉터	강찬규
디자인	디자인서가
사진	북앤포토
펴낸이	윤철호
펴낸곳	(주)사회평론
전화	02-326-1182
팩스	02-326-1626
주소	03993 서울시 마포구 월드컵북로6길 56 사평빌딩
출판등록	1993년 10월 6일 제 10-876호

ⓒ 사회평론, 2020

ISBN 979-11-6273-121-5 73400

- 이 책 내용의 일부나 전부를 다시 사용하려면 저작권자와 사회평론의 동의를 받아야 합니다.
- 잘못 만들어진 책은 바꾸어 드립니다.

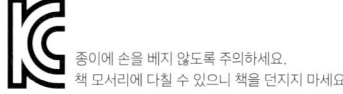

종이에 손을 베지 않도록 주의하세요.
책 모서리에 다칠 수 있으니 책을 던지지 마세요.